Revision for FRENCH *GCSE*
• *with answers* •

ROD HARES   DAVID MORT

JOHN MURRAY

In this series:

Revision for English	Key Stage 3 with answers	0 7195 7025 5
Revision for French	GCSE with answers and cassette	0 7195 7306 8
Revision for German	GCSE with answers and cassette	0 7195 7309 2
Revision for History	GCSE Modern World History	0 7195 7229 0
Revision for Maths	Levels 3–8 Key Stage 3 and Intermediate GCSE *with answers*	0 7195 7083 2
Revision for Science	Key Stage 3 with answers Revised National Curriculum Edition	0 7195 7249 5
Revision for Science	Key Stage 4 with answers	0 7195 5394 6
Revision for Spanish	GCSE with answers and cassette	0 7195 7394 7

Acknowledgements

Rod Hares would like to thank Pauline L. Hares, Head of Modern Languages, Intake High School, Leeds, for her advice, suggestions and constant support.

David Mort would like to thank Linda, Andrew and Danny for all their help. Thanks also to the magnificent Seven from Marseilles – Bravo!

The publishers wish to thank the following for permission to reproduce text extracts:
OK! magazine, pp.9, 31–2; *Salut!* pp.12, 87, 88; *Femme Actuelle* p.21; Haut Comité de la Santé Publique, pp.22–3; L'association laïque du Scoutisme Français, p.24; *Canal+ Magazine*, pp.40–1; *Gibus Collège Magazine*, pp.52–3, 96–7; L'Association Vindovera, pp.55–6; © Editions Grafocarte, p.68; *L'autoroute des vacances*, p.109, 111; *Notre temps*, pp.120, 123.

Photographs and illustrations are reproduced courtesy of the following sources:
Chantal Aubin Wehrle, p.21; M. Trez, p.26 (top left); Jiluk, p.51; © Editions Grafocarte, p.59; Office de Tourisme, Honfleur, p.61; Finzo, p.72; La Samaritaine, p.76; Leclerc, p.78; Explorer (Paul Wysocki), p.90 (bottom left), Beatrice Bizot, p.90 (top centre, bottom right), Fovéa (Chapman), p.90 (top right); *En Sortir*, p.94; Tomtich.D, p.111; John Townson, Creation, p.115 (bottom right), Zefa, p.115 (top right), Fédération Evasion Plus, p.115 (all other pictures).

The publishers have made every effort to trace copyright holders, but if they have inadvertently overlooked any they will be pleased to make the necessary arrangements at the earliest opportunity.

© Rod Hares and David Mort 1996

First published 1996
by John Murray (Publishers) Ltd
50 Albemarle Street
London W1X 4BD

All rights reserved. No part of this publication may be reproduced in any material form (including photocopying or storing in any medium by electronic means and whether or not transiently or incidentally to some other use of this publication) without the written permission of the publisher, except in accordance with the provisions of the Copyright, Designs and Patents Act 1988 or under the terms of a licence issued by the Copyright Licensing Agency.

Typeset by Dorchester Typesetting Group Ltd, Dorchester
Illustrations by Tom Cross and Chris Mutter
Layouts by D & J Hunter
Cover design by John Townson, Creation
Printed and bound in Great Britain by St Edmundsbury Press, Bury St Edmunds

A catalogue entry for this title is available from the British Library

ISBN 0 7195 7306 8

Contents

Introduction iv
   How to raise your grade with *Revision for French GCSE* iv
   Strategies for a successful revision programme v

Glossary of French instructions vi

A La Vie de tous les jours 1

Pierre parle de son école 1	La Rentrée 12	L'Alcool 22
Mon prof 2	Qui fait quoi à la maison? 14	L'Alcool et la femme enceinte 23
L'Emploi du temps 3	Êtes-vous prudent? 16	Ouvert à tous les jeunes 24
Les Langues à l'école 6	On parle de la santé 17	L'Humour 26
Les Règles de l'école 7	Quelques conseils 19	Brigitte parle de son père 28
La Lettre de Dora 9	Sachez garder l'équilibre 21	

B Famille, copains, loisirs 29

Daniel parle de sa famille 29	Qu'est-ce que vous aimez regarder? 38	À cheval 47
Les Personnalités 30	Les Super Héros 40	Vivez l'aventure 48
La Rencontre 31	Quatre films 42	Vacances de stars 50
Une journée avec des copains 34	Opinions sur le sport 43	Publicité B.D. 51
Programme d'activités 36	Le Tennis 44	Les Chansons de Francis Cabrel 52
	L'École d'équitation 46	Un spectacle historique 55

C Le Monde où nous vivons 58

Une visite en Bretagne 58	Quelques produits français 64	Quelques idées pour aménager la maison 72
Le Plan de Courseulles 59	Publicité 66	
Honfleur 61	La Pollution dans le port 68	
Les Courses 63	Le Rêve de Brigitte Bardot 71	

D Le Monde du travail 76

Magasin 2 76	Le Baby-sitting 86	Toi qui as perdu ton emploi 94
Publicité Leclerc 78	Comment devenir journaliste 88	La Boxe – un projet 96
Un boulot au café 81	Les Facteurs de France 90	
La Lettre d'Emilie 84		

E Le Monde international 99

Le Tour de France des vacances 99	La Lettre de M. et Mme Cauchi-Martin 106	Attractions touristiques 113
Salut Bob 100	Description des vacances 108	Consignes de sécurité 119
«Pays Direct» 103	Autoroute 109	On recherche des gens perdus 120
Les Hôtels 104	Fatigue – les Point•Relaxe 111	

Transcripts for Listening and Speaking (role-play) tasks 127

Answers to Listening and Reading tasks 143

Extra tasks for assessment/pre-exam practice 158
   Transcripts and Answers 161

Introduction

How to raise your grade with *Revision for French GCSE*

The intention of this book is to ensure that you achieve the best possible grade in your GCSE French. The following notes offer some advice on how best to use the book.

- **Work on all the units**

   The five units of *Revision for French GCSE* deal with the five Areas of Experience you need to cover. Make sure you practise all five areas. The last unit is slightly harder, on average, than the earlier units. Working through the book will help to raise the level of your work. However, if you are working on a particular Area in class, it makes sense to practise tasks from the unit which covers that Area; take your teacher's advice.

- **Practise all the skills**

   Each task has a symbol which indicates which skill is practised in the task:

   | Listening | Speaking |
   | Reading | Writing |

   You should work on all four skills, but these symbols make it easy for you to find tasks which concentrate on the skills you need to practise most.

- **How hard are the tasks?**

   The tasks are aimed at Grade C and above, but the difficulty varies within a unit, so you should find that you can gradually do more and more of the tasks.

- **Follow the tasks in order**

   Most of the printed texts and listening items have several tasks based on them. It is best to follow these in order, as the last tasks are often the hardest. So, make sure you start with the first of the tasks, even if it looks easy to you.

- **Use the cassette**

   The cassette includes all the Listening items, as you would expect. It also includes a recording of the examiner's part for each Speaking role-play. This enables you to practise role-plays independently. The transcripts of the cassette recordings are provided at the back of the book, but you should refer to them only *after* completing work on a task – either to check your answers or to check any part of the recording that you could not understand.

- **Check your Listening and Reading work**

   After each Listening or Reading task there is an indication of the maximum mark attainable for that task, and a 'target mark', for example [9 points: 6/9]. This gives you an indication of the score that might be expected of a student working at Grade C level. Occasionally, for easier tasks, the target is full marks. When you have finished a section of work, you can check your answers against the answers at the back of the book, but of course your marking needs to be completely honest if it is to be useful!

INTRODUCTION

- **Check your Speaking and Writing work**
  There are no marks indicated for Speaking and Writing tasks as it is almost impossible to self-check performance in these skills. For these tasks your teacher or supervisor will need to check your work, so when you are working on your own you will need to make a recording of your Speaking tasks.

Strategies for a successful revision programme

- Once you have attempted a task, come back to it a couple of weeks later if you did not achieve the target minimum (Reading or Listening tasks) or if you want to improve your mark.
- With Listening tasks, when you start your revision and practice programme, feel free to listen as many times as you like, and to pause the tape, before starting your task. However, as you approach exam time, it would be sensible to tackle some listening tasks according to the timing and play-back requirements of your GCSE exam – check these with your teacher or syllabus.
- With role-play tasks, take some time to prepare what you are going to say before you start the cassette. In the exam there will be around ten minutes to prepare – check with your teacher exactly how much time your particular exam will allow.
- Each week flick back through the work you did about a fortnight before to help your memory retain as much as possible of what you have done. Now and then, look back further – you'll be surprised to see how much easier those tasks now seem!
- When you have finished the work on a particular piece, learn the key vocabulary that went with it. You will often find that you learn better by recording vocabulary on cassette and playing the material back when you have the opportunity, for example, when you are walking the dog, on the way to school/college, while washing up, baby-sitting, etc.
- Ask family and friends to test you on what you have learnt.

ABC exam tips

Use the tasks in *Bravo!* to practise following these three key ABC rules of exam success:

A **ANSWER WHAT IS ASKED** – It is crucial to read the instructions calmly and carefully to make sure you are answering the question.

B **BEAT THE CLOCK** – To make the most of the time available, do what you can and then come back to the most difficult questions. Don't spend fifteen minutes on a question worth one mark until you have been right through the paper – you could be using that time to score far more points on another task.

C **THE CONTEXT COUNTS** – The context will often help you to work out the likely meanings of unfamiliar words.

Glossary of French instructions

These instructions (or 'rubrics') are similar to the ones you will find in your GCSE examination papers and they are used throughout this book to familiarise you with the kind of tasks you will find in your exam. The English translations are given here, so that if you are not sure what you should be doing for a particular task, you can check the meaning of the instructions. However, you will quickly become used to the French instructions and should soon be able to follow them without reference to these tables.

Speaking

French instructions	English meanings
Décidez comment…	Decide how…
Décrivez…	Describe…
Dites/Expliquez pourquoi/comment…	Say/Explain why/how…
Donnez/Demandez les informations suivantes.	Give/Ask for the following information.
Imaginez que…	Imagine that…
Parlez de…	Talk about…
Posez des questions (sur…)	Ask questions (about…)
Préparez le jeu de rôle/la tâche suivant(e) en français.	Prepare the following task /role play in French.
Répondez aux questions.	Answer the questions.
Saluez…/Présentez-vous/Remerciez…	Greet…/Introduce yourself/Thank…
Utilisez les symboles pour faire un dialogue/une description…	Use the symbols to make up a dialogue/description…

GLOSSARY OF FRENCH INSTRUCTIONS

Listening

French instructions	English meanings
Choisissez la bonne image/la bonne phrase/le(s) bon(s) mot(s) pour finir la phrase/la réponse.	Choose the right picture/phrase/word(s) to complete the sentence/answer.
Choisissez les lettres/numéros qui correspondent le mieux aux dessins/mots.	Choose the letters/numbers which correspond best to the pictures/words.
Choisissez parmi les mots dans la case./Vous n'aurez pas besoin de tous les mots.	Choose from the words in the box./You won't need all the words.
Cochez la bonne case.	Tick the correct box.
Cochez la case qui correspond à…	Tick the box that goes with…
Cochez/Trouvez la réponse correcte.	Tick/Find the correct answer.
Cochez (seulement) 1/2/3, etc. cases.	Tick (only) 1/2 /3, etc. boxes.
Complétez les détails/la phrase/les comparaisons (en français).	Complete the details/the sentence/the comparison (in French).
Corrigez en français les erreurs/les fautes/l'affirmation.	Correct in French the errors/mistakes/statements.
Dessinez une flèche pour montrer quels mots/quelles images correspondent à quelles lettres/quels numéros.	Draw an arrow to show which words/pictures go with which letters/numbers.
Écoutez (ces messages) et corrigez les erreurs.	Listen to these (messages) and correct the mistakes.
Écrivez dans la case le numéro de l'image qui convient/correspond à…	Write in the box the number of the picture which matches/goes with…
Écrivez l'équivalent en français.	Write the equivalent in French.
Écrivez (l'heure) en chiffres.	Write (the time) in numbers
Écrivez **V** (vrai) ou **F** (faux) dans la case	Write **V** (true) or **F** (false) in the box.
Encerclez «oui» ou «non».	Ring 'oui' or 'non'.
Faites correspondre…	Match up…
Indiquez avec une flèche…	Show with an arrow…
Indiquez sur le plan (avec un X)…	Mark on the map (with an X)…
Marquez/Soulignez…	Mark/Underline…
Mettez la lettre du bon symbole (dans la case).	Write the letter for the correct symbol (in the box).
Notez deux/trois détails./Prenez des notes…	Note down two/three details./Make notes…
Notez en chiffres…	Note down in figures…
Pour chacun(e) de ces X, choisissez la phrase qui convient (le mieux).	Choose the sentence that (best) matches each of these Xs.
Quelle image correspond à la description? (Cochez la bonne.)	Which picture goes with the description? (Tick the right one.)
Quelles sont les (2/3/4) différences?	What are the (2/3/4) differences?
Qui dit quoi?	Who says what?
Remplissez la grille pour chaque personne.	Fill in the grid for each person.
Remplissez la/cette grille selon l'exemple.	Fill in the/this grid as in the example.

GLOSSARY OF FRENCH INSTRUCTIONS

Listening (continued)

French instructions	English meanings
Remplissez les cases vides.	Fill in the blanks.
Si la phrase/affirmation est vraie, cochez la case «vrai».	If the sentence/statement is true, tick the box marked 'vrai'.
Vous allez entendre un(e)/deux, etc. jeune(s) Français(e)(s). Il/Elle(s) parle(nt) de/à…	You will hear a/two, etc. young French person/people speaking about/to…
Vous allez entendre deux fois une série de…/un message/une conversation/une émission/un reportage/un dialogue (entre)…	You will hear twice a series of../a message/a conversation/ a broadcast/a report/a dialogue (between)…

Reading

French instructions	English meanings
Remettez les mots dans l'ordre correct.	Put the words in the right order.
Choisissez la bonne image/les bons mots/la description qui correspond le mieux.	Choose the right picture/the right words/the description which fits best.
Choisissez les X (numéros, lettres, etc.) qui correspondent à Y.	Choose the X (numbers, letters, etc.) which go with Y.
Choisissez parmi les mots dans la case. Vous n'aurez pas besoin de tous les mots.	Choose from the words in the box. You won't need all the words.
Cochez seulement 1/2/3, etc. cases.	Tick (only) 1/2/3, etc. boxes.
Cochez/Trouvez la bonne case/la case qui correspond à…/la case appropriée.	Tick/Find the right box/the box which goes with…
Cochez/Trouvez la phrase/la réponse appropriée/correcte.	Tick/Find the right phrase/answer.
Complétez le tableau/la grille/les cases vides.	Fill in the grid/the empty boxes.
Complétez/Finissez les détails/phrases/les comparaisons (avec les bonnes expressions).	Complete the details/sentences/comparisons (with the right phrases).
Corrigez/Trouvez les erreurs/les fautes./Corrigez l'affirmation.	Correct/Find the errors/mistakes./Correct the statement.
Écrivez dans la case le numéro de l'image qui correspond à…	Write in the box the number of the picture which goes with…
Écrivez l'équivalent en français.	Write the equivalent in French.
Écrivez le mot qui ne va pas avec les autres.	Write the word which does not go with the others/is the odd one out.
Écrivez le nom de la personne qui…	Write the name of the person who…
Écrivez le numéro/la lettre correcte pour…	Write the right number/letter for…
Encerclez «oui» ou «non».	Ring 'oui' or 'non'.
Est-ce que ces phrases sont vraies ou fausses?	Are these sentences true or false?
Faites correspondre les slogans/les légendes avec les images.	Match the captions with the pictures.
Indiquez avec une flèche…	Show with an arrow…
Indiquez (pour chaque numéro/blanc/vide) le mot qui manque.	(For each number/gap) fill in the missing word.

GLOSSARY OF FRENCH INSTRUCTIONS

Reading (continued)

French instructions	English meanings
Indiquez sur le plan (avec un X)…	Mark on the map (with an X)…
Lisez/Regardez (attentivement)…	Read (carefully)/Look (carefully) at…
Lisez ces phrases et écrivez V (vrai) ou F (faux) dans la case.	Read these sentences and write V (true) or F (false) in the box.
Marquez/Soulignez…	Mark/Underline…
Mettez la lettre du bon symbole (dans la case).	Put the letter for the correct symbol (in the box).
Mettez les images dans le bon ordre.	Put the pictures in the correct order.
Notez deux/trois détails./Prenez des notes.	Note down two/three details./Make notes.
Pour chacun de ces X, choisissez la phrase qui convient le mieux.	For each of these Xs, choose the sentence which matches it best.
Pour chaque phrase, écrivez le nom de la personne qui a exprimé cette opinion.	For each sentence, write down the name of the person who has given that opinion.
Quelle image/phrase/quel texte correspond à la description? (Cochez.)	Which picture/sentence/text goes with each description? (Tick the right ones.)
Remplissez la grille pour chaque personne.	Fill in the grid for each person.
Remplissez la grille selon l'exemple.	Fill in the grid as in the example.
Remplissez les blancs.	Fill in the blanks.
Remplissez les cases vides.	Fill in the empty boxes.
Répondez aux questions (en français).	Answer the questions (in French).
Si la phrase/affirmation est vraie, cochez la case «vrai».	If the sentence/statement is correct, tick the box marked 'vrai'.
Vous voyez ce…/cette…	You see this…

GLOSSARY OF FRENCH INSTRUCTIONS

Writing

French instructions	English meanings
Choisissez thème 1 ou thème 2.	Choose theme 1 or theme 2.
Complétez les détails en français.	Complete the details in French.
Dans votre lettre vous devez…/Demandez (ce que)…	In your letter you should…/Ask (what)…
Dites-lui/elle…	Tell him/her…
Donnez les renseignements/les conseils/votre opinion/avis.	Give the information/the advice/your opinion.
Écrivez environ 100 mots.	Write about 100 words.
Écrivez une carte postale/une liste.	Write a postcard/a list.
Écrivez une courte rédaction.	Write a short composition/essay.
Écrivez une lettre.	Write a letter.
Écrivez votre réponse./Répondez à la lettre/aux questions.	Write your reply./Reply to the letter/to the questions.
Expliquez votre point de vue.	Explain your point of view.
Expliquez pourquoi/comment…	Explain why/how…
Faites une comparaison/une description…	Compare/Describe…
Faites une liste/un résumé de…	Make a list/a summary of…
Imaginez que…	Imagine that…
Mentionnez…	Mention…
Mettez vos détails personnels.	Include details about yourself.
On vous propose…	It is suggested to you…
Préparez une liste de…	Make a list of…
Préparez un poster/dépliant.	Design a poster/leaflet.
Préparez un programme en français.	Prepare a schedule in French.
Racontez les choses que vous avez faites/ce que vous avez fait/vos impressions.	Describe what you did/your impressions.
Remplissez le formulaire/la fiche.	Fill in the form.
Vous avez une opinion très forte sur ce sujet; écrivez une lettre/un article pour donner votre point de vue.	You have strong opinions on this subject; write a letter/an article giving your point of view.
Vous écrivez à votre corres(pondant/e) pour…	You write to your penfriend to…
Vous lisez ce/cette… (dans…). Vous décidez d'écrire à…	You read this… (in…). You decide to write to…

A La Vie de tous les jours

Pierre parle de son école

1 Écouter et répondre

Pierre parle à Daniel de son école. Qu'est-ce qu'il dit?

Lisez ces phrases et écrivez **V** (vrai) ou **F** (faux) dans la case.

		V/F
1	Pierre connaît la plupart des gens à son école.	
2	Comme vêtements, il n'y a pas d'uniforme.	
3	On ne peut pas fumer de cigarettes à l'intérieur de l'école.	
4	Le mercredi Pierre peut rester au lit un peu plus tard.	
5	Quelquefois il est libre entre les cours, l'après-midi.	
6	Les élèves amusent M. Leblanc.	
7	Pierre trouve les cours de biologie intéressants.	
8	Les cours de biologie sont à la fin de l'après-midi.	

[8 points: 6/8]

LA VIE DE TOUS LES JOURS

Mon prof

1 Lire et répondre

Vous lisez cette lettre dans un magazine.

> L'année dernière, au lycée, j'ai eu une prof de langues sans autorité et qui ne savait pas préparer ses leçons. Résultat: au bout de l'année, nous étions incapables d'écrire trois mots. Cette année, le lycée a heureusement organisé, spécialement pour nous, une heure de support. Notre prof actuelle doit tout nous réexpliquer. Mon ancienne prof n'a toujours pas été remplacée. Quel sera l'avenir des élèves qui suivront! ∎

Lisez maintenant le résumé de la lettre, et complétez les détails avec un mot approprié pour chaque blanc. Choisissez parmi les mots dans la case.

L'an dernier [1] .... prof de langues était absolument

[2] .... et on n'a rien appris. Cependant le

[3] .... a reconnu ce problème et on nous donne des

[4] .... supplémentaires. Malheureusement, l'ancienne

prof est toujours [5] .... et ses élèves futurs vont avoir

beaucoup de [6] ....

| inutile | difficultés | cours |
| absente | lycée | notre | là |

[6 points: 4/6]

LA VIE DE TOUS LES JOURS

L'Emploi du temps

 1 Écouter et répondre

Lucille parle de son emploi du temps. Complétez en français les cases vides (a)–(f).

Numéro du cours	Heure	Matière	Salle
1	8.00	(a)	(b)
2	9.00		
RÉCRÉATION			
3	10.30	(c)	(d)
4	11.30	(e)	(f)

[6 points: 4/6]

LA VIE DE TOUS LES JOURS

 2 Écrire

Voici votre emploi du temps.

W E D N E S D A Y	Time	Lesson	Teacher	Homework
	09.15–10.00	English	?	yes
	10.00–10.40	Geography	?	no
	BREAK			
	11.00–11.45	Physics	?	no
	11.45–12.25	French	?	yes

Votre corres va passer une matinée dans votre école/collège. Écrivez-lui pour expliquer ce qui va se passer. Mentionnez…

- le jour et les matières
- l'heure et la durée de chaque cours
- votre opinion sur chaque matière et sur le professeur
- ce qu'il aura à faire comme devoirs.

Posez deux questions sur la vie scolaire de votre corres.

LA VIE DE TOUS LES JOURS

 3 Parler

Use the following pictures to describe a day at school.

LA VIE DE TOUS LES JOURS

Les Langues à l'école

 1 Écouter et répondre

Three young French people are discussing the languages they are learning at school. Listen to what they say and fill in the grid **in English**.

	Marie	**Jean-Luc**	**Elvire**
Which language?			
For how long?			
What opinion is expressed?			

[9 points: 6/9]

LA VIE DE TOUS LES JOURS

Les Règles de l'école

 1 Parler: Jeu de rôle

Your French friend is going to spend a day in your school, where the rules are strict. Using the recording on the cassette and the following visual clues, answer his questions. He speaks first.

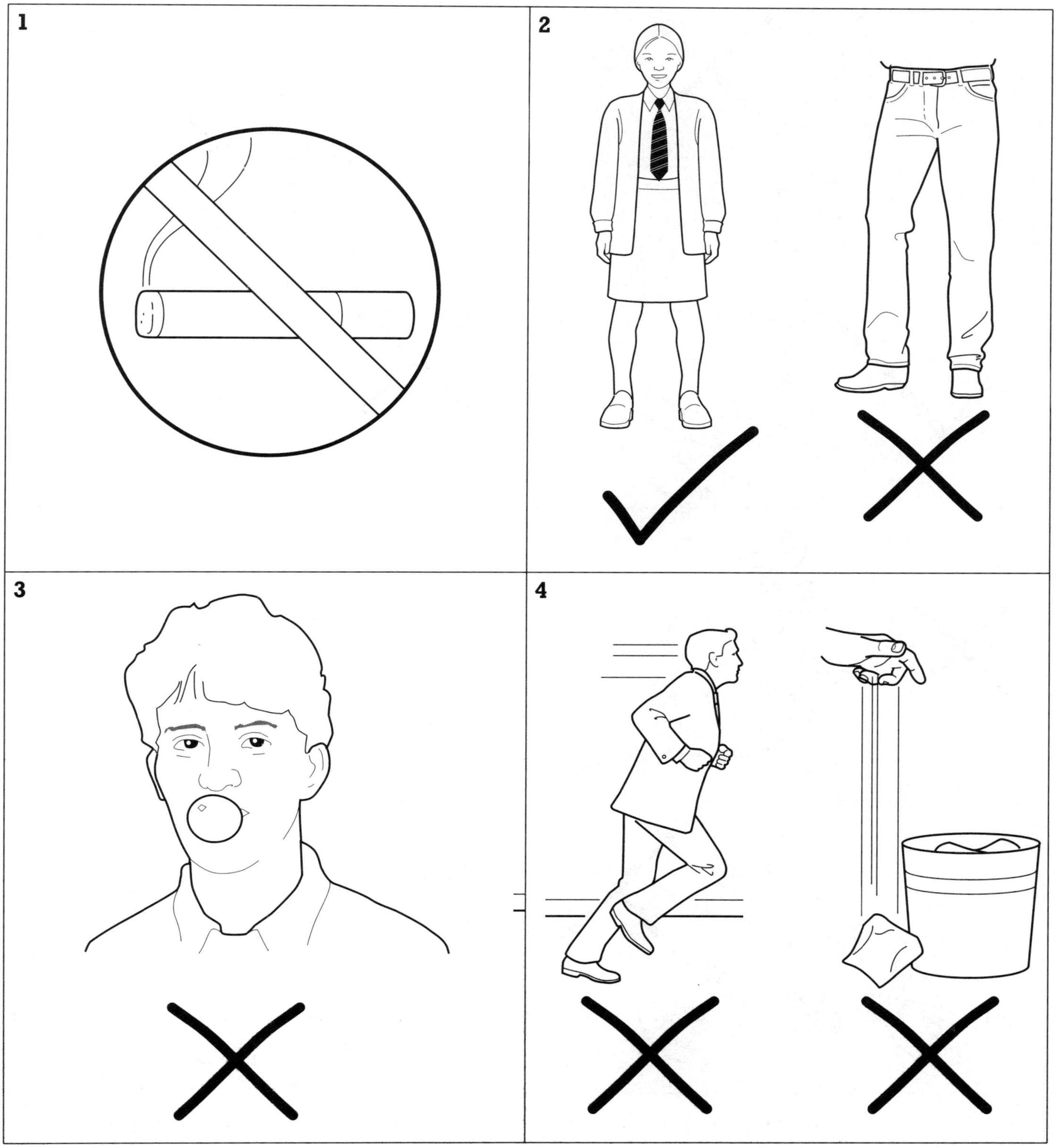

LA VIE DE TOUS LES JOURS

 2 Écrire

Votre ami(e) français(e) va passer une journée à votre école/collège.

Préparez une liste des règles scolaires.

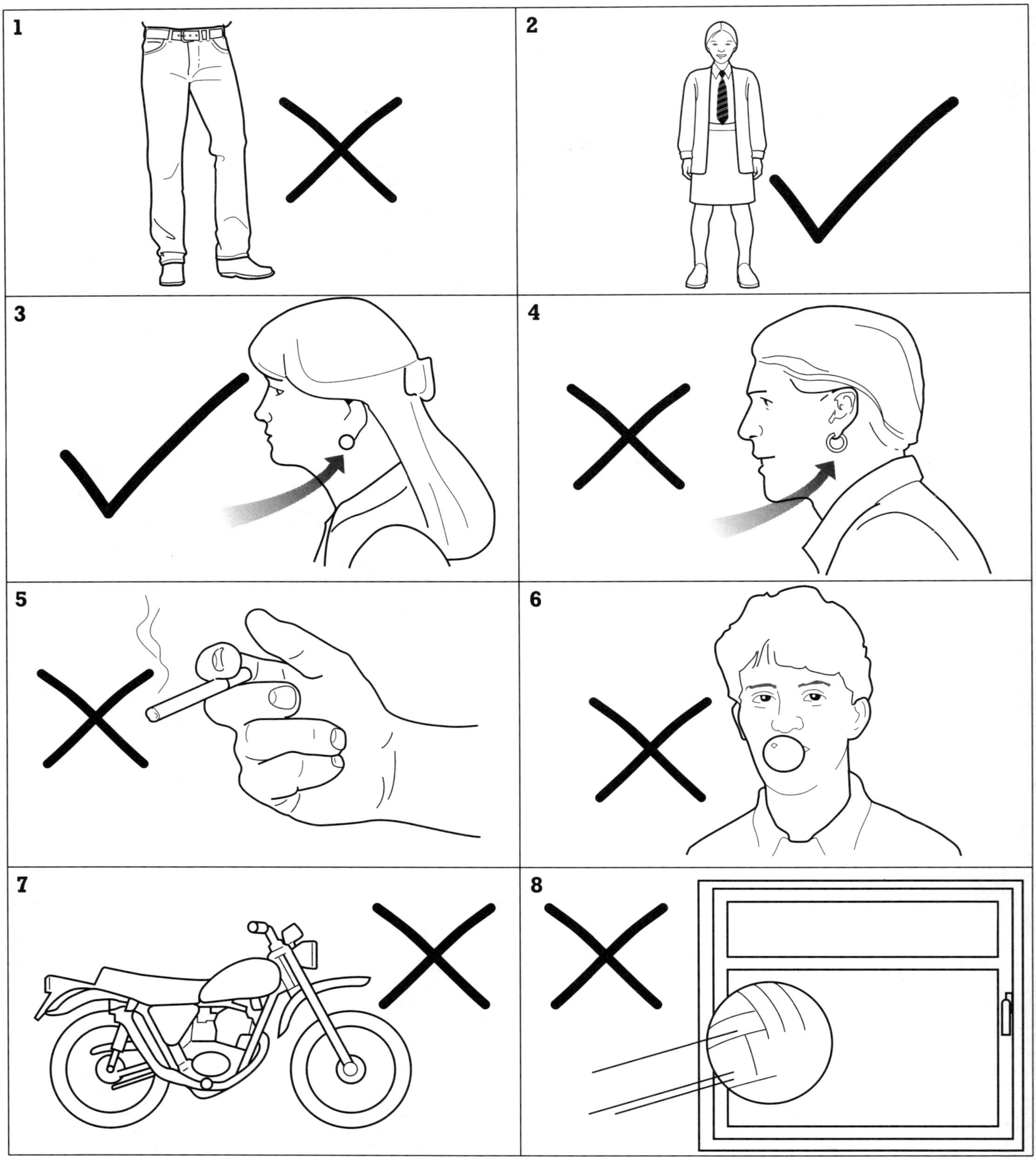

Maintenant donnez votre opinion sur ces règles et expliquez votre point de vue.

LA VIE DE TOUS LES JOURS

La Lettre de Dora

 1 Lire et répondre

Vous lisez cette lettre dans un magazine.

> Chère Alice
>
> Je t'écris parce qu'un problème me tracasse: j'ai 16 ans et jusqu'au mois de juin j'avais toujours été parmi les meilleures élèves de ma classe. Mais, depuis la rentrée, en septembre, je rate tout, je ne progresse plus et tous mes résultats sont catastrophiques. J'en ai assez des moqueries et des insultes de mes copines. Qu'est-ce que je peux faire?
>
> Dora

Complétez les phrases pour donner le sens de la lettre. Choisissez parmi les mots dans la case.

> Chère Alice
>
> J'ai un [1] .... problème. L'année [2] ....
> j'ai eu [3] .... de succès à l'école. Mais, depuis le
> commencement de ce [4] .... [5] ....
> ne va plus. Mes notes sont presque les [6] .... de la classe.
> Mes [7] .... de classe se moquent de moi – je
> n'en [8] .... plus. Aide-moi, je t'en prie!
>
> Dora

Exemple: [1] *gros*

peux	dois	trop	beaucoup	camarades
meilleures	gros	rien	professeurs	trimestre
personne	dernière	pires		

[7 points: 5/7]

LA VIE DE TOUS LES JOURS

 2 Lire et répondre

Lisez les conseils d'Alice.

> Chère Dora
>
> a Essaie de réfléchir: il s'est peut-être passé quelque chose qui t'a perturbée au point de ne plus pouvoir t'intéresser à tes études.
> b Peut-être as-tu mal accepté d'être moins brillante.
> c Pourtant c'est logique, plus on monte de classe, plus les programmes deviennent difficiles.
> d A mon avis tu as eu quelques difficultés et tu n'as pas réagi.
> e Les choses se sont dégradées petit à petit et te voilà arrivée dans une impasse, mais tu es pleine de bonne volonté et tu veux t'en sortir. C'est très bien.
> f Même si tu redoubles cette année, quelle importance? Il n'y a aucune raison d'avoir honte.
> g N'écoute pas les imbéciles qui se moquent de toi.
> h Dès le début de la prochaine année scolaire, parle à tes profs, explique-leur les difficultés que tu as eues l'année passée, demande leur conseil, des exercices, des lectures qui te permettront de te remettre peu à peu au niveau des autres élèves et de redevenir la bonne étudiante que tu étais.
>
> Alice

Faites correspondre les phrases ci-dessous avec les conseils d'Alice. Mettez la bonne lettre dans la grille.

		Conseil
Exemple	*Selon Alice, Dora refuse de croire qu'elle n'est pas si douée qu'elle ne pensait.*	*b*
1	Les professeurs demandent plus d'effort que l'année dernière.	
2	Alice pense que Dora a peut-être un problème dont elle n'a pas parlé.	
3	Alice croit que Dora pourra trouver une solution à ses difficultés.	
4	Elle ne doit pas avoir peur de redoubler cette année.	
5	Alice propose à Dora de chercher une solution au mois de septembre.	

[5 points: 3/5]

 3 Écrire

Imaginez que vous avez eu le même problème que Dora. Écrivez une lettre à votre ami(e) et mentionnez les points suivants:

- la matière que vous trouvez difficile
- pourquoi
- la réaction de vos parents quand vous leur en avez parlé
- leurs conseils
- ce que vous allez faire.

LA VIE DE TOUS LES JOURS

4 Parler: Jeu de rôle

You are talking with a friend about problems at school. She starts the conversation. Use the cassette to listen to your friend's questions and use the picture prompts below as the basis of your replies.

1

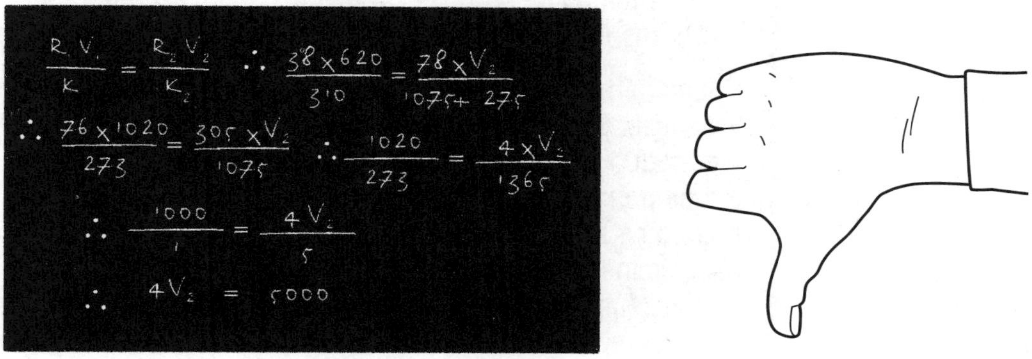

2

3

4

LA VIE DE TOUS LES JOURS

La Rentrée

1 Lire et répondre

Quatre jeunes Français parlent de la rentrée à l'école.

Thomas, 15 ans et demi:	Sylvain, 15 ans:	Frédérica, 13 ans et demi:	Camille, 14 ans:
Quand je reviens des vacances, j'ai vraiment besoin de temps pour me réadapter. Plus on passe dans les classes supérieures, plus on vous demande des trucs tout de suite, sans vous laisser le temps de vous organiser. Je trouve que c'est un peu dur. Et puis ça dépend des caractères. Moi j'ai du mal à me concentrer, alors quand je reviens des vacances, j'ai la tête ailleurs.	Le plus dur pour moi, c'est de reprendre des horaires 'normaux'... En vacances, je sors tous les soirs et je me couche super tard parce que je sais que je peux faire la grasse matinée le lendemain, alors quand c'est fini, dur, dur!	Moi, j'aime bien les vacances, mais je dois dire qu'au bout de deux mois j'ai absolument besoin de retrouver mes copains et mes copines. J'aimerais mieux avoir plus de vacances et qu'elles soient mieux réparties dans l'année.	Depuis que je suis toute petite j'appréhende la rentrée, surtout les nouveaux profs et les nouveaux visages. J'ai beaucoup de mal à aller vers les autres. Comme en plus, je change souvent de ville et d'école à cause de la profession de mon père, ce n'est pas évident pour se faire des amis. En vacances c'est plus facile de lier connaissance. Et puis, je l'avoue, les études c'est pas trop mon truc! Au lycée je me sens comme dans une prison...

Écrivez le nom de la personne qui...

	Opinion	Nom
Exemple	a dû déménager plusieurs fois	Camille
	1 trouve difficile de recommencer l'école	
	2 est assez timide	
	3 trouve difficile de se lever de bonne heure	
	4 n'aime pas beaucoup aller à l'école	
	5 aimerait avoir des vacances plus fréquentes et moins longues	
	6 pense que chaque année est plus difficile que la précédente	

[6 points: 4/6]

LA VIE DE TOUS LES JOURS

 2 Écouter et répondre

Pierre, un autre jeune, parle de la rentrée.

Indiquez, pour chaque numéro, le mot qui manque. Choisissez parmi les mots dans la case.

J'aime [1] .... les vacances, mais

[2] .... un certain temps je [3] ....

revoir mes [4] .... Donc, je ne suis pas

[5] .... quand je dois rentrer à l'école.

après	pendant	veux	beaucoup
triste	copains	content	
parents	pense		

[5 points: 3/5]

 3 Écrire

Écrivez une lettre. Mentionnez:

- ce que vous avez fait pour vous amuser pendant les grandes vacances
- les gens que vous avez rencontrés
- pourquoi vous vous êtes/ne vous êtes pas ennuyé(e)
- ce que vous allez faire le jour de la rentrée.

LA VIE DE TOUS LES JOURS

Qui fait quoi à la maison?

 1 Écouter et répondre

Marie parle des tâches qu'on fait chez elle.

Remplissez la grille en français, selon l'exemple.

	Qui?	Tâche	Quand?	Raison/opinion
Exemple	*Eric*	*promène le chien*	*chaque soir*	*il aime se promener*
	1 mère			
	2 père			—
	3 soeur			
	4 Marie			

[12 points: 7/12]

2 Parler: Jeu de rôle

You are talking with a French friend about what you do to help at home. She starts the conversation. Use the cassette recording of your friend's questions, and the following visual prompts, to carry out a conversation.

1

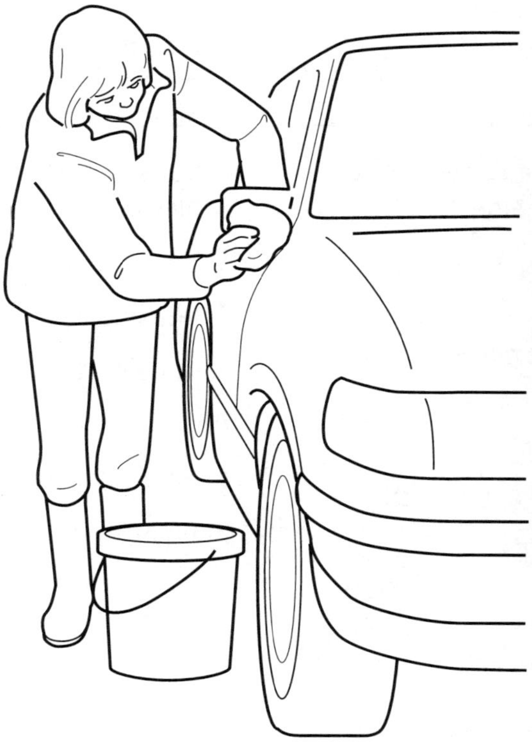

2

avril

dimanche		6	13	20	27
lundi		7	14	21	28
mardi	1	8	15	22	29
mercredi	2	9	16	23	30
jeudi	3	10	17	24	
vendredi	4	11	18	25	
samedi	5	12	19	26	

3

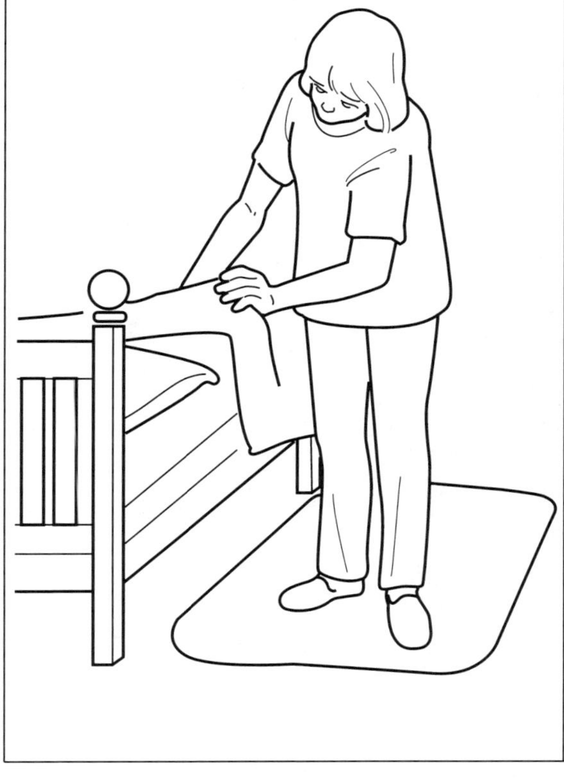

4

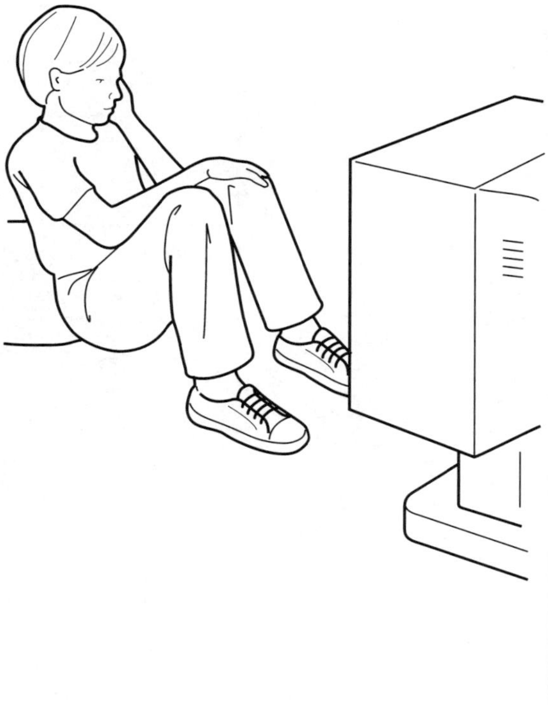

LA VIE DE TOUS LES JOURS

Êtes-vous prudent?

1 Lire et répondre

Voici quelques situations où on doit prendre une décision prudente. Faites correspondre la décision avec la situation.

Situations	Décisions
1 Sur la plage, le drapeau rouge flotte.	a Vous ne le caressez pas.
2 Vous décidez de faire une grande randonnée en montagne.	b Vous mettez de l'eau fraîche sur votre blessure.
3 Le feu est au rouge. Vous voulez traverser.	c Vous mettez de la crème.
4 Vous avez mal aux dents.	d Vous ne vous baignez pas.
5 Vous avez attrapé un gros coup de soleil sur les épaules.	e Vous regardez des deux côtés.
6 En pleine campagne, un chien s'approche de vous.	f Vous téléphonez au dentiste.
7 Vous êtes tombé(e) sur un objet. Vous saignez un peu.	g Vous appelez les pompiers.
	h Vous emportez un pull et un blouson.

Exemple

Situation	Décision
1	d
2	
3	
4	
5	
6	
7	

[6 points: 4/6]

LA VIE DE TOUS LES JOURS

On parle de la santé

 1 Écouter et répondre

Georges, Edwige et Antoine parlent de la santé.

Cochez ✓ la case appropriée, pour montrer qui…

	Georges	Edwige	Antoine
1 ne fait pas comme les autres membres de sa famille			
2 justifie ce qu'il/elle fait			
3 fait comme ses amis			
4 voit les mauvais effets du tabac			
5 a un secret			
6 n'a pas peur d'être malade			
7 aime boire pour se détendre			

[7 points: 4/7]

LA VIE DE TOUS LES JOURS

 2 Parler: Jeu de rôle

At a party in France you are talking with another teenager, who starts the conversation. Use the cassette recording of his questions, and the following visual prompts, to carry out a conversation.

LA VIE DE TOUS LES JOURS

Quelques conseils

 1 Lire et répondre

Voici quelques conseils pour être en bonne santé. Faites correspondre les conseils avec les images, en écrivant la bonne lettre dans la grille.

Conseil	Image
1 Ne fumez pas!	
2 N'enfumez pas les autres!	
3 Modérez votre consommation de boissons alcoolisées.	
4 Évitez de vous exposer au soleil.	
5 Mangez fréquemment des fruits et des légumes frais.	
6 Ne mangez pas trop de matières grasses.	
7 Consultez votre médecin en cas de toux persistante.	

[7 points: 5/7]

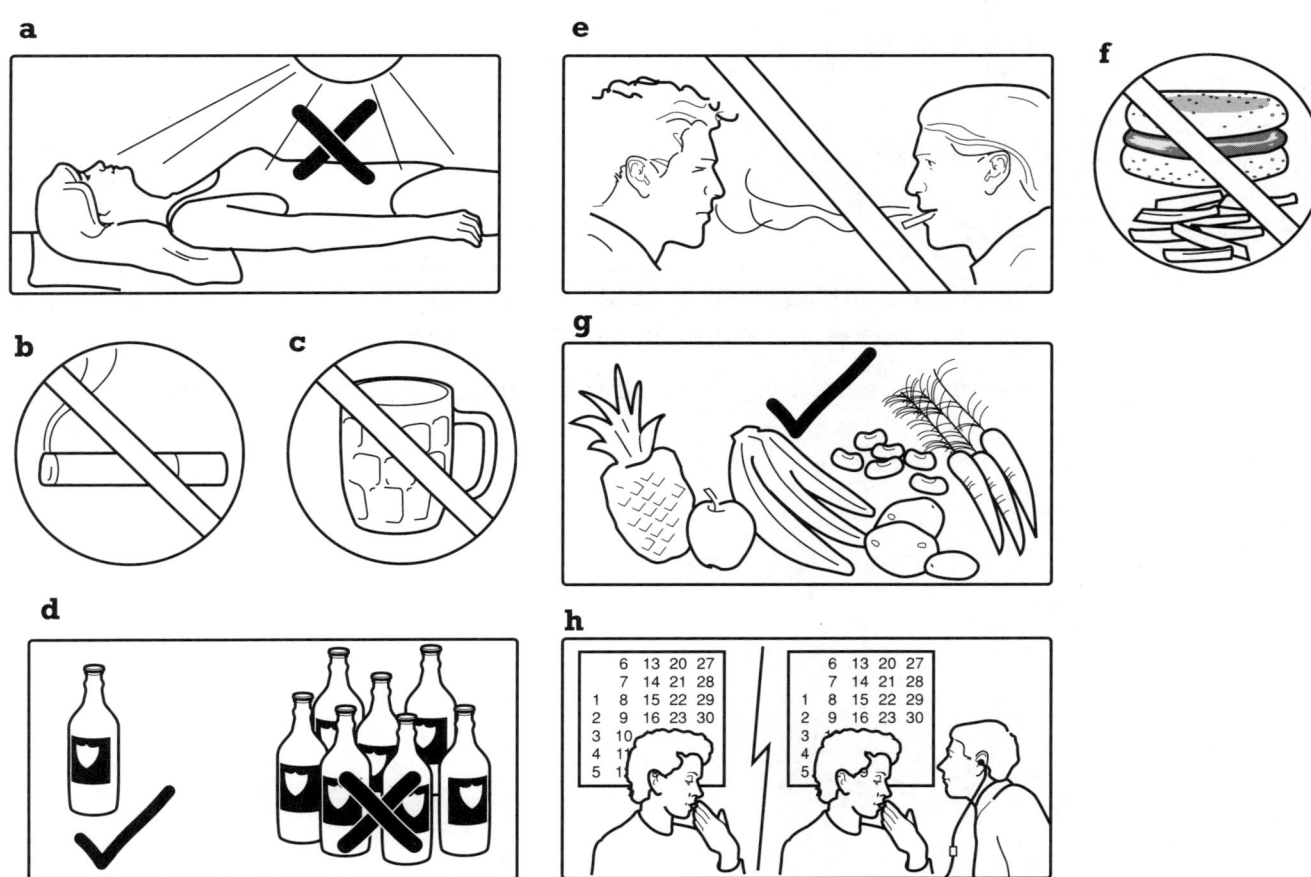

LA VIE DE TOUS LES JOURS

 2 Lire et répondre

Voici une autre version des conseils pour être en bonne santé. Il manque certains mots. Pour chaque blanc, indiquez **le numéro** du mot qui manque.

La [a] .... des cigarettes peut vous faire du

[b] ...., et c'est mauvais aussi pour les autres personnes.

Ne [c] .... pas trop d'alcool et ne [d] ....

pas longtemps au soleil. Si vous mangez [e] .... des fruits

et des légumes, c'est bon pour la [f] .... Attention,

aussi, aux matières grasses! Et si vous [g] .... pendant

plus de deux ou trois jours, [h] .... votre médecin.

1 consultez	
2 malade	*Exemple:* [a]4
3 restez	
4 fumée	
5 reposez	
6 souvent	
7 fumer	
8 buvez	
9 respirez	
10 santé	
11 mal	
12 toussez	

[7 points: 5/7]

 3 Écrire

Vous avez décidé de suivre les conseils. Écrivez une liste pour montrer quatre choses que vous allez faire/n'allez pas faire.

Exemple: Je ne vais pas manger beaucoup de matières grasses.

LA VIE DE TOUS LES JOURS

Sachez garder l'équilibre

1 Lire et répondre

Faites corrrespondre la deuxième partie de chaque phrase à la première, selon le sens des images. Écrivez dans la case **le numéro** de la partie correcte.

		Numéro
a	Debout, dos droit…	
b	Tenez la position…	
c	Sur une jambe, le corps à l'horizontale…	
d	Les mains croisées…	
e	Soulevez un pied…	
f	Le regard à l'horizontale…	

1	… levez les talons et tendez les bras en l'air.
2	… en gardant les cuisses l'une contre l'autre.
3	… entre 5 et 10 secondes.
4	… tenez la position entre 5 et 10 secondes.
5	… étirez les bras devant vous.
6	… ouvrez les yeux.
7	… derrière le dos.

[6 points:  4/6]

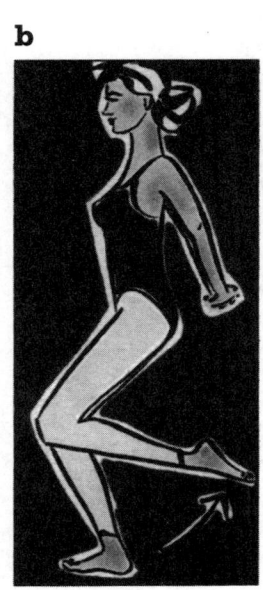

LA VIE DE TOUS LES JOURS

L'Alcool

1 Lire et répondre

Faites correspondre les images 1–5 avec les slogans.

a ce qu'il faut savoir sur les boissons alcoolisées
b avec l'alcool, votre santé 'en prend un coup'
c alcoolisation d'habitude = danger!
d l'alcool est une drogue
e l'alcool en route = catastrophe!!
f l'alcool et les médicaments

Écrivez dans la case **la lettre** du slogan qui convient.

Image	Slogan
1	
2	
3	
4	
5	

[5 points: 4/5]

2 Écrire

Imagine that one of your friends went to a party and drank too much.

Écrivez l'histoire:

- qu'est-ce qui s'est passé?
- et le résultat?
- qu'est-ce que vous en pensez?

LA VIE DE TOUS LES JOURS

L'Alcool et la femme enceinte

1 Lire et répondre

Lisez cet article sur les effets de l'alcool sur la femme enceinte.

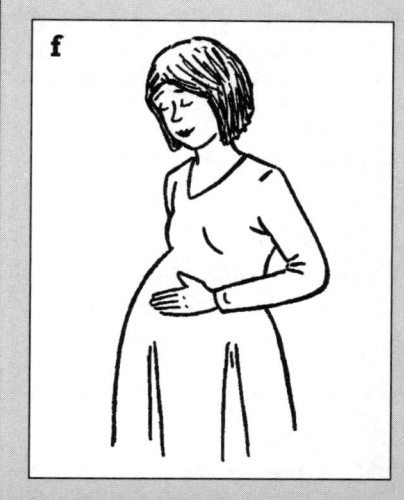

La femme enceinte doit s'abstenir de toute consommation d'alcool. La consommation excessive a des conséquences néfastes sur le bébé à naître. Ce sera souvent un prématuré, d'un poids plus faible que la moyenne. Il sera plus fragile, et présentera des retards scolaires. ■

Lisez maintenant le paragraphe suivant. Il manque certains mots. Pour chaque blanc, indiquez le mot qui manque. Choisissez parmi les mots dans la case.

La femme qui [a] .... un enfant ne devrait pas

[b] .... d'alcool du tout. Si elle en consomme

[c] .... cela pourrait être très dangereux pour la

[d] .... de l'enfant. Il pourrait [e] ....

prématurément, il pèsera [f] .... que la moyenne, et ne

[g] .... pas autant de progrès à l'école que les autres

enfants.

assez	moins	attend	
naître	aussi	plus	fera
santé	boire	trop	

Exemple: [a] attend

[6 points: 4/6]

LA VIE DE TOUS LES JOURS

Ouvert à tous les jeunes

 1 Lire et répondre

Un mouvement de scoutisme

6–8 ans ☆

C'est l'âge de la découverte, du jeu, du rêve, du merveilleux.

Les enfants sont organisés en Ronde à effectif réduit de 10 à 15 enfants.

Le rôle affectif du responsable est primordial.

8–11 ans ☆

C'est l'âge de l'expression. On éprouve un grand besoin de bouger, de se dépenser, de jouer.

Les enfants sont organisés en Cercle, un lieu de vie qui regroupe de 20 à 25 enfants. Le Cercle est divisé en 5–6 équipes qui sont mixtes. Le responsable reste toujours présent.

11–15 ans ☆

C'est l'âge des grands changements, de l'affirmation de soi, des envies des projets et des défis.

Les jeunes sont organisés autour de l'Equipage (6 à 10 personnes) permanent pendant l'année, et autonome. 4 à 6 Equipages forment l'Unité.

Le responsable aide, conseille, favorise l'autonomie des jeunes et la prise de responsabilités.

15–19 ans ☆

C'est le temps des questions, des idéaux, des ambitions, des responsabilités. Les aînés sont réunis dans le Clan (groupe de 10 à 15 personnes). Ils gèrent de A à Z leurs programmes, leurs activités avec, un conseiller adulte.

A quelle catégorie correspond chacune des phrases suivantes? Cochez la bonne case.

		6–8	8–11	11–15	15–19
Exemple	*On est toujours ensemble.*			✓	
	1 Tout est nouveau.				
	2 On est responsable de tout.				
	3 On ne laisse pas les jeunes seuls.				
	4 On dépend du chef.				
	5 On veut savoir.				
	6 On devient plus indépendant.				
	7 On a beaucoup d'énergie.				
	8 On cherche à se tester.				

[8 points: 5/8]

LA VIE DE TOUS LES JOURS

 2 Écouter et répondre

Qui dit quoi?
Écoutez ces trois jeunes qui parlent de leurs expériences du scoutisme, puis cochez la bonne case. Qui…

	Sophie	Mossem	Bertrand
1 … fera partie d'un groupe?			
2 … se sent à l'aise avec les jeunes?			
3 … a passé du temps au bord de la mer?			
4 … a passé une semaine agréable?			
5 … n'aura pas peur?			
6 … attend avec impatience?			

[6 points:  5/6]

3 Écrire

Imaginez que le scoutisme vous intéresse. Écrivez un article où vous mentionnez:

- l'activité qui vous intéresse le plus
- pourquoi vous voulez la faire en France
- vos qualités personnelles (physique et caractère).

LA VIE DE TOUS LES JOURS

L'Humour

1 Lire et répondre

Faites correspondre les images 1–6 avec les légendes a–g.

LA VIE DE TOUS LES JOURS

Image	Légende
1	
2	
3	
4	
5	
6	

a   D'habitude, il est si timide.
b   C'est la blanche qui donne le lait, et la noire le café.
c   Eh bien, je termine ici cette lettre de Nouvel An.
d   Il fait un peu froid. Vous avez peut-être laissé une porte ouverte?
e   Il va me manger le derrière!
f   Impossible d'avancer – c'est fixé sur le toit de notre voiture!
g   Souris!

[6 points: 4/6]

2 Écrire

Racontez ce qui se passe dans l'image numéro trois. Mentionnez les points suivants:

- où la scène a eu lieu
- ce qu'ont fait les parents
- ce qu'a fait le petit garçon
- ce qu'a fait l'autre passager
- la réaction de l'homme.

LA VIE DE TOUS LES JOURS

Brigitte parle de son père

1 Écouter et répondre

Brigitte parle de son père. Faites correspondre les affirmations avec les images. Écrivez dans la case **la lettre** de l'image qui convient.

Brigitte dit	Image
1	
2	
3	
4	

[4 points: 4/4]

a

b

c

d

e

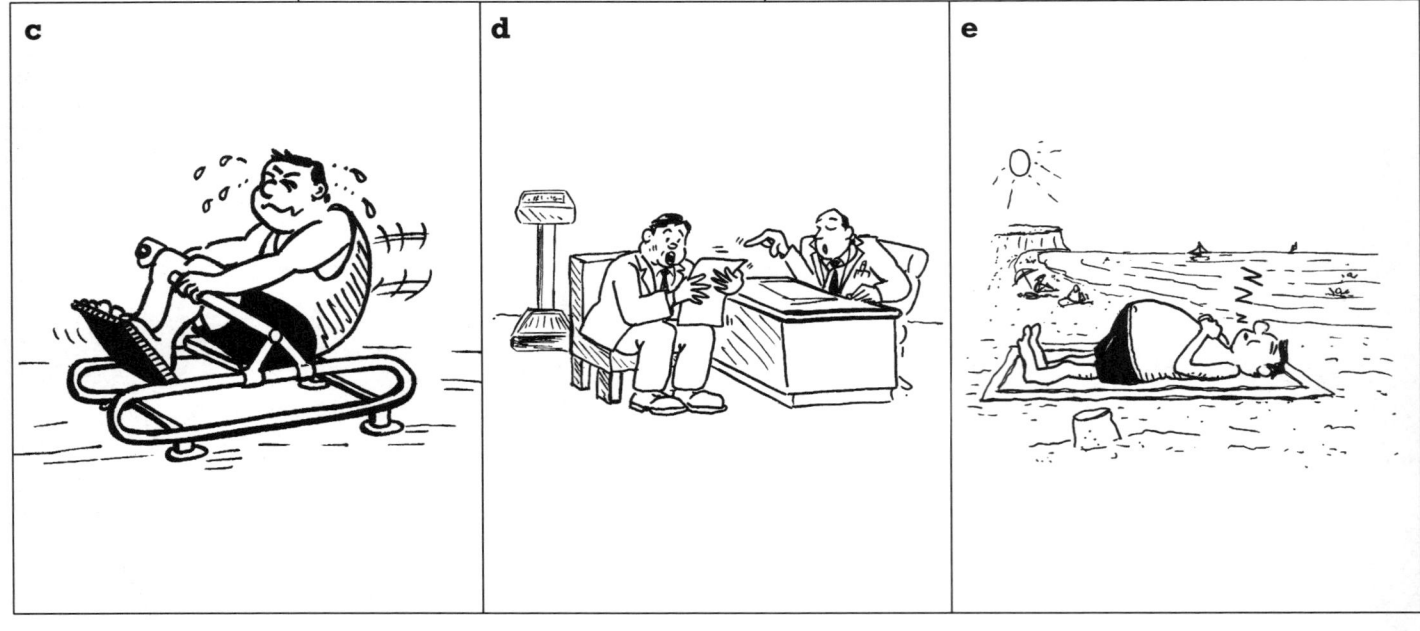

B Famille, copains, loisirs

Daniel parle de sa famille

1 Écouter et répondre

Écoutez Daniel qui décrit cette photo. Notez dans la case **le numéro** qui correspond à chaque personne.

Personne	Numéro
Daniel	
Charlot	
Léonore	
André	
Eloïse	

[5 points: 3/5]

FAMILLE, COPAINS, LOISIRS

Les Personnalités

1 Écouter et répondre

Écoutez ces cinq jeunes. Chacun(e) décrit sa propre personnalité.

Choisissez le mot qui correspond le mieux à chaque personne.

	Personnalité	Numéro de la personne
Exemple	*agressif/ive*	*4*
	timide	
	impatient(e)	
	sociable	
	gentil(le)	
	triste	
	calme	

[4 points: 3/4]

FAMILLE, COPAINS, LOISIRS

La Rencontre

1 Lire et répondre

Lisez cette introduction à un article.

> **Juillet, Londres.** Vacances studieuses pour Lise, élève de première. Elle est là depuis quinze jours dans un collège britannique où une centaine d'étudiants, venant de toute l'Europe, perfectionnent leur pratique de l'anglais. Trois heures de cours le matin, l'après-midi libre pour découvrir, rencontrer…

Faites correspondre les deux parties de chaque phrase. Écrivez dans la case **la lettre** de la deuxième partie correcte.

1	On faisait un stage …	
2	On était venu …	
3	On était là pour avoir …	
4	On devait étudier seulement …	
5	On avait beaucoup de temps …	

a … pour faire ce qu'on voulait
b … pour deux semaines
c … la moitié de la journée
d … à partir de trois heures
e … pendant les grandes vacances
f … de plusieurs pays
g … une meilleure connaissance de la langue

[5 points: 3/5]

FAMILLE, COPAINS, LOISIRS

2 Lire et répondre

Lisez maintenant l'histoire de Lise.

> Les responsables du collège recherchaient une personne pour tenir la cafétéria après les cours, et je me suis proposée. C'est ici que je le vois pour la première fois. Ce jour-là, il était juste devant moi, buvant un café. Je me souviens de son physique. Grand, brun, les yeux noisette… il approche la perfection. Fidèle à mon poste, j'ai attendu de le voir de nouveau. J'espérais le croiser dans un couloir, lui sourire. Mais j'ai perdu sa trace. Tant pis.
>
> En milieu de séjour, j'ai changé de groupe pour être avec les plus forts. Le premier jour, encore tout engourdie par le sommeil, je n'ai prêté aucune attention aux élèves ni même à la première personne venue s'asseoir à côté de moi. Le cours a commencé et l'enseignant nous a demandé de discuter pendant un quart d'heure avec notre voisin pour ensuite le présenter en anglais à l'ensemble de la classe. Je me suis alors tournée vers le mien pour commencer à parler. En le voyant, je suis devenue toute rouge. C'était lui. Nous avons parlé de politique, de racisme, etc. En quelques minutes, je me suis sentie devenir complètement amoureuse de Vincent.

Quelles phrases sont correctes, selon le texte? Écrivez **V** (vrai) ou **F** (faux) dans chaque case.

1 On a eu l'idée de donner un emploi à Lise.
2 Elle a vu Vincent pour la première fois dans la cour du collège.
3 Lise a résisté à la tentation de s'approcher de Vincent.
4 Elle le voyait souvent dans la cafétéria.
5 Lise a trouvé très difficile son premier cours avec son nouveau groupe.
6 Le prof a fait parler les étudiants à deux.
7 Lise ne s'était pas rendu compte que le garçon à côté d'elle était Vincent.

[7 points: 4/7]

FAMILLE, COPAINS, LOISIRS

3 Écrire

Dans une lettre à votre corres vous parlez d'un garçon/d'une fille que vous avez rencontré(e). Mentionnez:

- quand et où vous l'avez vu(e)
- ce que vous faisiez quand vous avez rencontré le garçon/la fille
- son apparence physique
- votre réaction en le/la voyant
- ce qui s'est passé après…
- si vous êtes toujours en contact avec lui/elle et…
- pourquoi/pourquoi pas.

4 Parler: Jeu de rôle

Imagine that you are telling a French friend about someone you met in France. Using the cassette recording and the following prompts, prepare and then record a short description (30–40 seconds). Your friend speaks first.

- rencontré(e) où/quand?
- comment est-il/elle?
- vous avez parlé de quoi?
- êtes-vous toujours en contact?
- pourquoi/pourquoi pas?

FAMILLE, COPAINS, LOISIRS

Une journée avec des copains

1 Lire et répondre

Regardez ces photos. A côté de chaque texte écrivez **le numéro** de la photo qui correspond.

		Photo
a	On mange, on boit, on s'amuse bien sans les filles!	
b	Nous voilà, tous ensemble. On prend le déjeuner par terre.	
c	Les nappes, les assiettes, les verres, c'est sophistiqué, non?	
d	Nous voilà, encore, avec le vieux bateau au fond.	

[4 points: 3/4]

FAMILLE, COPAINS, LOISIRS

2 Écrire

Imaginez que vous avez pris ces photos pendant une visite en France avec votre école. Choisissez trois photos et écrivez à votre corres: dites-lui, pour chaque photo…

- où vous étiez
- ce que vous faisiez
- vos impressions sur ce que vous avez fait et vu.

3 Parler

Use the following prompts to prepare and record a description of a day out.

FAMILLE, COPAINS, LOISIRS

Programme d'activités

1 Lire et répondre

Pendant un échange scolaire en France, votre corres vous donne le programme proposé par son école (pour la première semaine de votre visite).

PROGRAMME D'ACTIVITÉS

JOUR	ACTIVITÉ
Lundi	Piscine
Mardi	Musée de la préhistoire Discothèque
Mercredi	Exposition de peintures à Pont-Aven Match de basket
Jeudi	En classe avec corres Après-midi libre
Vendredi	Location de vélos Boum
Samedi	Randonnée pédestre Courses Patinoire
Dimanche	Equitation Cinéma

Écrivez dans la case en français le **jour** de l'activité mentionnée.

	Activité	Jour
Exemple	*faire du cheval*	*dimanche*
1	balade	
2	natation	
3	surprise-partie	
4	aventure sur glace	
5	promenade à bicyclette	
6	danse	
7	excursion artistique	
8	rencontre sportive	
9	école: cours	
10	visite dans le passé	
11	planche à voile	
12	film	
13	achat de cadeaux	
14	vous faites comme vous voulez	

[14 points: 10/14]

FAMILLE, COPAINS, LOISIRS

2 Écrire

Écrivez un court article pour le magazine de l'école française où vous avez fait l'échange. Racontez ce que vous avez fait **vendredi**.

Notez:

- où vous êtes allé(e)
- avec qui
- ce que vous avez fait/vu
- vos impressions sur les gens et sur votre journée en général.

FAMILLE, COPAINS, LOISIRS

Qu'est-ce que vous aimez regarder?

1 Écouter et répondre

Plusieurs Français parlent des programmes qu'ils préfèrent. Qui dit quoi?

Programme
a les films d'horreur
b les «quiz shows»
c les actualités
d les programmes sur la nature
e la musique des années 60
f les dessins animés
g les variétés

Écrivez la bonne lettre dans la case

Personne 1	
Personne 2	
Personne 3	
Personne 4	
Personne 5	
Personne 6	

[6 points: 5/6]

2 Écrire

Racontez un film que vous avez vu. Mentionnez:

- quand vous avez vu le film
- où et avec qui
- quelle sorte de film c'était
- le sujet du film
- ce que vous pensez du film et pourquoi.

FAMILLE, COPAINS, LOISIRS

3 Parler: Jeu de rôle

You are arranging to go to see a film with your French friend. He starts the conversation. Use the recording on the cassette and the following prompts to carry out a conversation.

1

2 21.00

3

4

FAMILLE, COPAINS, LOISIRS

Les Super Héros

1 Écouter et répondre

Écoutez les publicités sur les séries d'animation, et regardez les titres dans la grille.

Mettez **le numéro** de la publicité qui correspond à chaque titre:

Titre de la série	Numéro de la publicité
X Men	
Wild C.A.T.s.	
Les Quatre Fantastiques	
La Chose	
Iron Man	
Le Voyage d'Edgar	
Vuk, le Petit Renard	

[6 points: 4/6]

2 Lire et répondre

Lisez les descriptions des séries et les phrases suivantes.

WILD C.A.T.s.

La Wild C.A.T.s., contraction de Covert Action Teams, est une organisation de super héros d'origine extraterrestre. Au programme de ces aventures spatiales, adaptées de l'une des plus célèbres bandes dessinées de Jim Lee et Brandon Choi: le sort de la Terre. Ni plus ni moins! ■

VUK, LE PETIT RENARD

Malgré l'interdiction formelle de son père Kad, Vuk, renardeau désobéissant, s'enfuit du terrier et le suit à la chasse. Kad le renvoie mais Vuk se perd dans la forêt… Auteur de *Mathieu l'astucieux*, Attila Dargay, le Walt Disney hongrois, adapte un nouveau conte de son pays d'origine, une histoire poétique réalisée à hauteur d'animal où il ne montre que les bottes de l'ennemi juré des habitants de la forêt: l'homme. ■

LE VOYAGE D'EDGAR DANS LA FORÊT MAGIQUE

Les habitants du monde magique de Dapplewood vivent paisiblement dans leur belle forêt. Mais lorsqu'une pollution chimique s'abat sur la forêt, leur amie Michelle est intoxiquée. Seule une plante magique peut la guérir. Edgar et ses copains, qui ont 48 heures de délai, décident de braver mille dangers pour la sauver et se lancent dans une aventure extraordinaire. ■

FAMILLE, COPAINS, LOISIRS

LES QUATRE FANTASTIQUES

Quelle famille! Mr Fantastic possède l'extraordinaire capacité de s'étirer dans tous les sens. Sa femme peut se rendre invisible, le beau-frère surnommé "la Torche" peut s'enflammer. Quant à "la Chose", il est tout simplement l'être humain le plus puissant sur la Terre. ■

Pour chaque phrase, écrivez dans le blanc le nom de la personne qui…

a .... est un peu comme une lampe électrique.

b .... souffre d'une overdose de gaz toxique.

c .... est le père de Vuk.

d .... a collaboré avec Jim Lee pour créer cette B.D.

e .... a pris le mauvais chemin dans le bois.

f .... est plus fort que tout autre habitant de notre planète.

[6 points: 4/6]

3 Parler

Enregistrez une description de votre série d'animation préférée (30 secondes). Mentionnez:

- personnages
- humour
- quel(s) jour(s)
- pourquoi vous l'aimez.

FAMILLE, COPAINS, LOISIRS

Quatre films

1 Lire et répondre

Faites correspondre les titres des films avec les résumés 1–4.

1

Bertrande, âgée de 12 ans, épouse un garçon de 13 ans. Un jour, sans dire pourquoi, il quitte le village. Tout le monde est étonné. Après huit ans, il revient.

2

Rosie, mère adolescente, essaie d'élever son enfant pendant qu'elle continue ses études. Dans le pays où elle habite, 25% des filles de son âge se trouvent dans cette situation.

3

Ferdinand Pastorelli, un douanier français incorruptible, habite dans un village près de la frontière franco-italienne. Son ami, Giuseppe La Paglia, est contrebandier.

4

Hélène et Jeanne, sa fille âgée de 12 ans, vivent seules à Paris. Hélène n'a jamais aimé son mari, qui est mort il y a quelques années. Un soir d'hiver, elle tombe malade. Le docteur Henri Deberlé vient la soigner.

Titre du film	Numéro du résumé
a La Loi, c'est la Loi	
b Le Retour de Martin Guerre	
c Avoir 16 ans	
d Les Visiteurs	
e Une Page d'amour	

[4 points: 3/4]

FAMILLE, COPAINS, LOISIRS

Opinions sur le sport

1 Écouter et répondre

Un journaliste pose des questions sur le sport à plusieurs personnes dans la rue. Écoutez les réponses et cochez la case appropriée.

Qui...

	Gaëlle	Germaine	Michel	Frank	Personne
a ne fait plus de sport?					
b pense qu'il y a trop de football à la télé?					
c voudrait voir d'autres sports à la télé?					
d n'aime pas du tout le sport?					
e aime faire des promenades à VTT?					
f aime le cyclisme?					

[6 points: 4/6]

FAMILLE, COPAINS, LOISIRS

Le Tennis

1 Lire et répondre

Vous lisez cette publicité pour des leçons de tennis.

TENNIS

Vous souhaitez vous amuser, vous détendre, et pourquoi pas progresser au tennis!

Je Respire, Je Souffle, 1, 2, 3, SOLEIL

ÉQUILIBRE
VITALITÉ
EFFICACITÉ
PLAISIR D'ÊTRE

15 ans d'expérience en France et aux U.S.A. à votre service

"Venez apprendre ce que vous n'oublierez jamais"

Toute l'année
En Salle ou en plein air
Prêt de raquettes et de balles

Leçons individuelles, stages tous niveaux toutes formules pour jeunes et adultes initiation, perfectionnement

sous la direction de:
Guy-François **BECQ**
Conseiller sportif en ressources humaines
Moniteur de tennis diplômé d'état

97.40.70.29 (répondeur)
ou Tennis Quiberonnais
97.60.10.44

Cochez les cases à côté des quatre phrases correctes selon le texte. Pour chaque phrase correcte, écrivez quelques mots de la publicité pour justifier votre réponse. Si la phrase est fausse mettez un ✗ dans la case.

Exemple	Guy-François Becq a une expérience internationale.	✓	en France at aux USA
a	Guy-François Becq est propriétaire de ce club depuis 15 ans.		
b	Il a des certificats officiels.		
c	Il y a un tarif réduit pour les jeunes et les débutants.		
d	Guy-François Becq est un ancien champion de tennis.		
e	On peut perfectionner son jeu et s'amuser en même temps.		
f	On doit acheter tout son équipement de tennis.		
g	On peut faire des stages douze mois sur douze.		
h	Si on veut plus de renseignements on peut téléphoner directement à Guy-François Becq.		
i	On peut jouer, même s'il fait mauvais.		

[14 points: 9/14]

FAMILLE, COPAINS, LOISIRS

2 Écrire

Préparez une brochure publicitaire en français, basée sur le texte anglais suivant.

TENNIS SCHOOL

Special Rates for Under 16s, Beginners and Groups of 4 and over

Open 7 days a week
08:00–21:00
Every day except Christmas Day and New Year's Day

20 years' experience

Indoor and Outdoor All-Weather Courts
Phone (144) 161 494 0000 for information

FAMILLE, COPAINS, LOISIRS

L'École d'équitation

1 Écouter et répondre

CLUB du CLOS GUILLOT

ÉCOLE ÉLÉMENTAIRE
ÉQUITATION CHEVAL et PONEY

VIVE LE GRAND AIR

Vacances juillet–août
Reprises tous niveaux
Plaisir de la promenade à cheval ou poney, 1 à 2 heures
TARIFS :   80F heure cheval
           60F heure poney

Gérard et Therèse COTIGNY

Juaye-Mondaye . 14250 . Tilly sur Seulles ☎ 31.72.57.21
n° professionnel 35319 – Monitrice D. ÉTAT

Écoutez cette publicité pour une école d'équitation, puis faites une liste des quatre erreurs qui se trouvent sur l'affiche. Corrigez-les.

a ....
b ....
c ....
d ....

[8 points: 6/8]

À cheval

1 Lire et répondre

Vous lisez ce dépliant au syndicat d'initiative.

> # À CHEVAL POUR RÊVER
>
> ☞ Venez faire du cheval dans un massif forestier prestigieux!
>
> ☞ Proche de Paris et de la Grande-Bretagne, la Normandie fait découvrir à un public de tous les âges, un tourisme sportif et esthétique.
>
> ☞ Prenez le déjeuner dans un des nombreux gîtes sympathiques que vous trouverez sur votre chemin.
>
> ☞ «L'Orne à cheval», c'est une expérience à tenter seul, à deux, en famille ou entre amis.
>
> ☞ Printemps, été, automne, hiver – des randonnées au coeur de la Normandie.
>
> ☞ Tarif par cavalier – 675 francs le week-end.
>
> ☞ Possibilités de séjours sur mesure, mid-week et semaine.
>
> ☞ Pour des renseignements appelez **33.26.86.31**.

Cochez les cases à côté des deux phrases qui sont correctes et écrivez les mots du dépliant qui justifient votre réponse.

Exemple	On peut faire des promenades à cheval dans les bois.	✓	*forestier*
a	Le dépliant s'adresse surtout aux jeunes.		
b	On trouvera des fermes charmantes où on pourra manger.		
c	Il y a un tarif spécial si vous venez nombreux.		
d	Le prix, par personne, est 675 francs par jour, tout compris.		
e	Si vous téléphonez, on pourra vous donner des détails.		
f	La compagnie «L'Orne à cheval» se trouve dans le nord de la France.		

[9 points: 6/9]

FAMILLE, COPAINS, LOISIRS

Vivez l'aventure

1 Lire et répondre

You read the following leaflet in a tourist information office.

1

4 x 4

Partir à la découverte de la nature, au rythme de votre machine à quatre roues,

- Des randonnées de 1 heure à 3 jours (et plus selon vos projets)
- Possibilité de louer des véhicules

2

Parapente Paramoteur

Filer vers les vertiges de l'altitude, respirer la liberté, vibrer au fil du vent,

- Initiation et découverte
- Stage

3

VTT

Pour l'endurance de son corps, le contact direct avec la forêt à travers les sentiers inconnus,

- Orientation à la boussole
- Possibilité de louer les VTT
- Circuits balisés

4

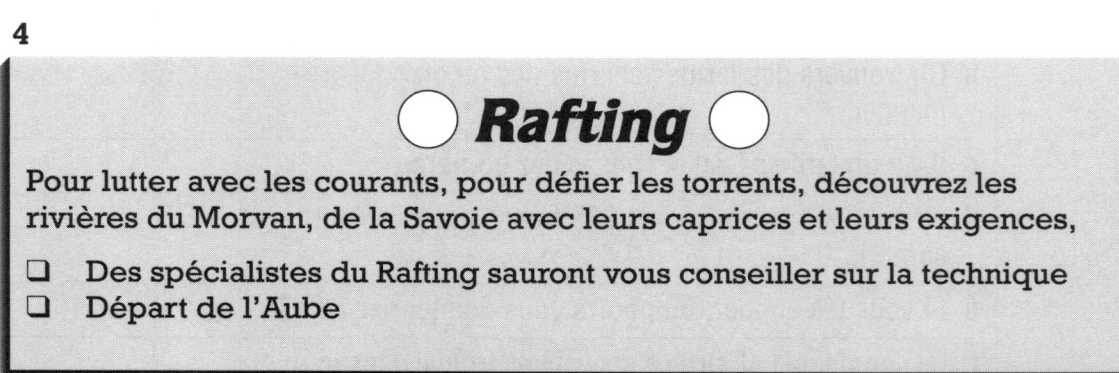

Rafting

Pour lutter avec les courants, pour défier les torrents, découvrez les rivières du Morvan, de la Savoie avec leurs caprices et leurs exigences,

- Des spécialistes du Rafting sauront vous conseiller sur la technique
- Départ de l'Aube

5

Montgolfière

Véritable voyage à remonter le temps, venez vivre un moment inoubliable grâce à nos voyages en Montgolfière,

- Baptême, Vol Découverte ou Vol Aventure (remise d'un certificat d'ascension et dégustation de champagne à bord)

FAMILLE, COPAINS, LOISIRS

6

◯ *Tir à l'arc* ◯

Loisir de détente et de grande concentration, sur notre Domaine Raid Découverte à Chaource,

- ❑ Initiation
- ❑ Location du matériel

7

◯ *Escalade Spéléo* ◯

Amateur de sensations fortes: venez découvrir les voies de l'extrême avec nos guides professionnels de l'escalade et de la spéléo,

- ❑ Une équipe de spécialistes de l'escalade et de la spéléo
- ❑ Un matériel adapté pour une sécurité assurée

Write in the box the **number** of the activity **or activities** offering each of the following features:

Feature	Activity
a Instruction for beginners	
b Luxury	
c Marked routes	
d Expert advice	
e Fits in with your own plans	
f Equipment hire	
g A sense of freedom	
h Pushing yourself to the limit	

[12 points: 8/12]

2 Écrire

Imaginez que cet été vous allez faire *ou*

- du VTT *ou*
- du rafting *ou*
- de la spéléologie.

Écrivez à votre ami(e) français(e) pour l'inviter. Décrivez ce que vous allez faire. Écrivez 50 à 80 mots.

FAMILLE, COPAINS, LOISIRS

Vacances de stars

1 Lire et répondre

Read this preview of a French TV programme, then answer the questions **in English**.

> **Liane Foly.** La chanteuse française inaugure cette nouvelle émission hebdomadaire, estivale et un peu indiscrète! Où et avec qui part-elle en vacances? Que fait-elle? Qu'emporte-t-elle? Liane Foly répond en souriant: «Je n'écris jamais en vacances et je ne donne pas de nouvelles.» A la Réunion où elle est allée se reposer, elle se baigne, elle se promène en hélicoptère, elle pêche, mais pas très sérieusement. Et elle interprète de grands airs du répertoire...
> *Bref, elle se détend!* ∎

a How often is this programme on TV?

.... [1]

b How many previous programmes have there been in this series?

.... [1]

c What four facts is Liane asked for?

....

.... [4]

d What does Liane say about being on holiday?

.... [2]

e What water-based activity does she do, apart from swimming?

.... [1]

f What does Liane do for a living?

.... [1]

[10 points: 7/10]

FAMILLE, COPAINS, LOISIRS

Publicité B.D.

1 Écouter et répondre

Écoutez la publicité et lisez les détails. Notez, en français, les erreurs dans la publicité.

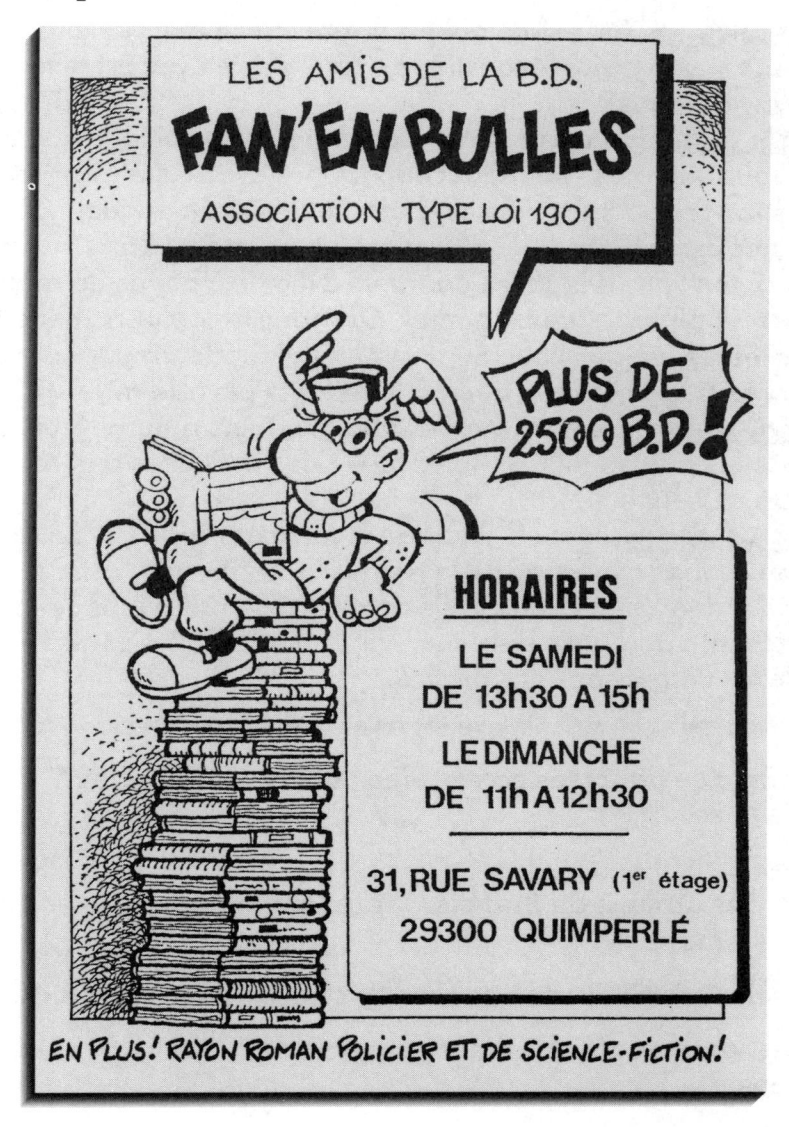

LES AMIS DE LA B.D.
FAN'EN BULLES
ASSOCIATION TYPE LOI 1901

PLUS DE 2500 B.D.!

HORAIRES

LE SAMEDI DE 13h30 A 15h

LE DIMANCHE DE 11h A 12h30

31, RUE SAVARY (1er étage)
29300 QUIMPERLÉ

EN PLUS! RAYON ROMAN POLICIER ET DE SCIENCE-FICTION!

	On dit...	Version correcte
Exemple	samedi de 13h	samedi de 13h30
1		
2		
3		
4		
5		

[10 points: 7/10]

FAMILLE, COPAINS, LOISIRS

Les Chansons de Francis Cabrel

1 Lire et répondre

Lisez l'interview avec Francis Cabrel.

> **Intervieweur:** Qu'est-ce qui t'a donné envie d'enregistrer une partie de cet album en version acoustique, c'est-à-dire avec un minimum d'instruments?
>
> **Francis Cabrel:** En fait, ce que j'ai fait sur la moitié de cet album, je le fais depuis toujours. J'ai beaucoup tourné avec cette formule, notamment à l'étranger où il est difficile d'emmener 40 personnes. Dans ce métier il y a quelque chose de frustrant quand tu as du succès. Tu es obligé de chanter dans des salles énormes avec des tonnes de matériel, et tu finis par ne plus vraiment chanter. Or moi, j'ai toujours mené les deux carrières en parallèle. Sur l'album j'ai étoffé un peu la version acoustique parce que c'est celle qui m'intéresse le plus. Je m'y sens plus à l'aise.
>
> **Intervieweur:** Sachant que tes deux derniers albums étaient plus «rock» que les précédents, as-tu éprouvé des difficultés à te remettre dans un son plus léger?
>
> **Francis Cabrel:** Tout s'est fait de façon très naturelle. En fait, je compose toutes mes chansons de la même façon. Ensuite ce sont les arrangements qui font qu'une chanson devient rock ou pas. Dans cet album j'ai présenté au public mes chansons telles qu'elles sont, lorsque je termine de les composer, sans artifice.

Est-ce que ces phrases sont vraies ou fausses? Écrivez **V** (vrai) ou **F** (faux) dans la case.

1. 50% des albums de Francis Cabrel ont été enregistrés en version acoustique.
2. Francis Cabrel n'a pas beaucoup changé sa méthode de travailler.
3. C'est seulement dans d'autres pays que la France qu'il a connu du succès.
4. Pour Francis Cabrel la réussite a causé des problèmes.
5. Il préfère chanter sur scène plutôt que dans un studio d'enregistrement.
6. Toutes les chansons composées par Francis Cabrel se ressemblent.

[6 points: 4/6]

FAMILLE, COPAINS, LOISIRS

2 Lire et répondre

Lisez la deuxième partie de l'interview où il parle de ses concerts en Amérique du Sud.

> Les gens me [a] .... un peu car depuis dix ans je fais peut-être une [b] .... ou deux en espagnol sur les disques [c] .... à l'exportation. Sur scène, ce qui était très [d] .... c'était de sentir le public [e] .... lorsque je chantais en français. Il est [f] .... que la plupart des spectateurs ne comprenaient pas les textes, mais ils avaient du respect. Cette tournée nous a [g] .... de découvrir des pays [h] ....

Choisissez parmi les mots dans la case pour remplir les blancs. Vous n'aurez pas besoin de tous les mots.

agréable	destinés	peut-être
attentif	intéressants	probable
chanson	nouveaux	régulièrement
connaissaient	permis	

Exemple:
[a] *connaissaient*

[7 points: 4/7]

3 Écouter et répondre

Albert asks Stéphanie about the concert. Answer the following questions **in English**.

1 What hadn't Stéphanie done before? [1]

....

2 Why doesn't she have a clear idea of how long the concert lasted? [1]

....

3 What surprised her about Francis Cabrel's performance? [2]

....

4 What does Stéphanie say about Spanish? [2]

....

5 What happened at the end of the concert? [2]

....

6 Why didn't Stéphanie wait for long afterwards? [2]

....

[10 points: 7/10]

FAMILLE, COPAINS, LOISIRS

4 Écrire

Vous écrivez à votre ami(e) française(e) pour l'inviter à aller avec vous à un concert pendant son séjour en Angleterre. Mentionnez:

- qui/quel groupe va jouer
- où/quand le concert aura lieu
- prix des billets
- pourquoi il faut décider tout de suite.

FAMILLE, COPAINS, LOISIRS

Un spectacle historique

1 Lire et répondre

Vous avez vu ce dépliant et vous voulez voir le spectacle.

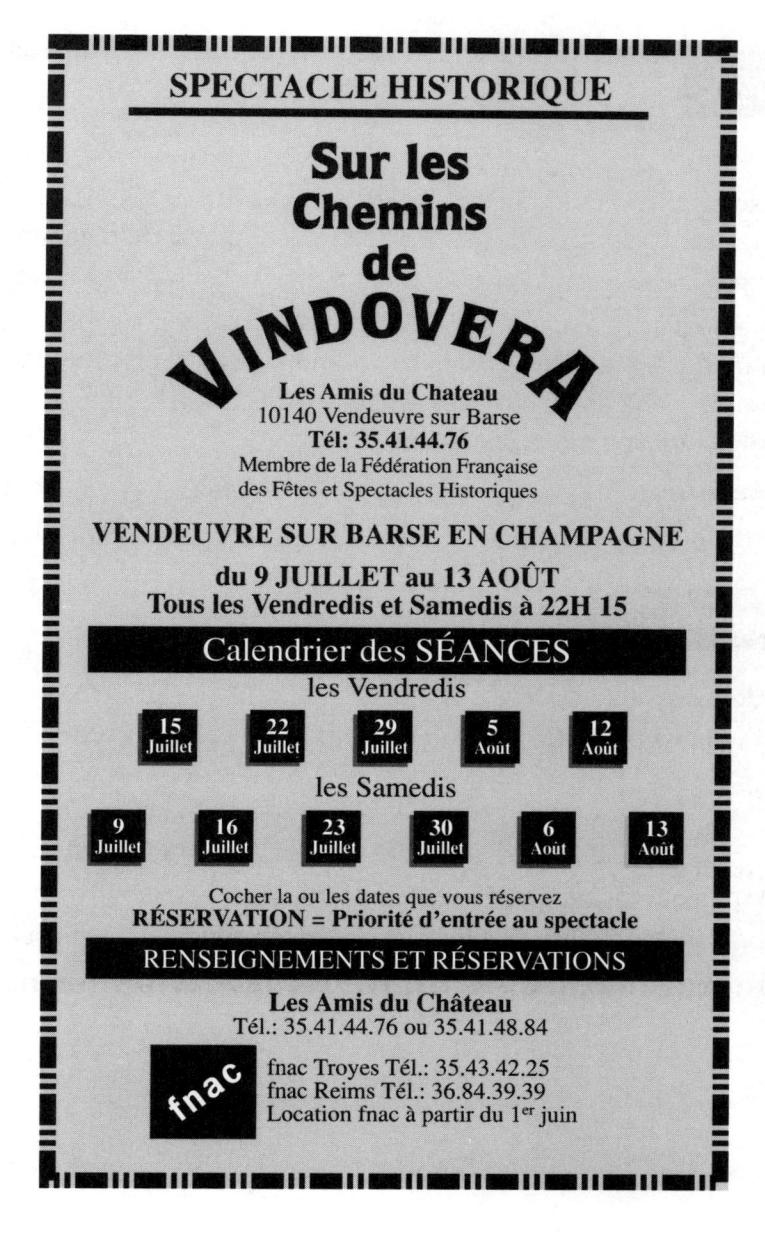

SPECTACLE HISTORIQUE

Sur les Chemins de VINDOVERA

Les Amis du Chateau
10140 Vendeuvre sur Barse
Tél: 35.41.44.76
Membre de la Fédération Française
des Fêtes et Spectacles Historiques

VENDEUVRE SUR BARSE EN CHAMPAGNE

du 9 JUILLET au 13 AOÛT
Tous les Vendredis et Samedis à 22H 15

Calendrier des SÉANCES

les Vendredis

| 15 Juillet | 22 Juillet | 29 Juillet | 5 Août | 12 Août |

les Samedis

| 9 Juillet | 16 Juillet | 23 Juillet | 30 Juillet | 6 Août | 13 Août |

Cocher la ou les dates que vous réservez
RÉSERVATION = Priorité d'entrée au spectacle

RENSEIGNEMENTS ET RÉSERVATIONS

Les Amis du Château
Tél.: 35.41.44.76 ou 35.41.48.84

fnac   fnac Troyes Tél.: 35.43.42.25
fnac Reims Tél.: 36.84.39.39
Location fnac à partir du 1er juin

Les dates dans la liste ci-dessous sont les seules où vous serez libre. Cochez les dates où il vous est possible de voir le spectacle.

vendredi 8 juillet ☐   mercredi 27 juillet ☐

samedi 16 juillet ☐   lundi 1 août ☐

mardi 19 juillet ☐   vendredi 5 août ☐

samedi 23 juillet ☐   dimanche 7 août ☐

[3 points: 2/3]

FAMILLE, COPAINS, LOISIRS

2 Écrire

Imaginez que vous avez décidé d'aller au spectacle à Vendeuvre sur Barse avec deux ami(e)s.

Remplissez le bulletin de réservation pour vous et vos ami(e)s.

BULLETIN DE RÉSERVATION
à retourner accompagné d'une enveloppe timbrée pour l'envoi des billets à "Les Amis du Château" 10140 Vendeuvre sur Barse

Vos Places

Nom .... Prénom ....
Adresse ....
Code postal .... Bureau distributeur ....
Téléphone ....

Nbre de places adultes .... x70F= ....
Nbre de place enfants (moins de 14 ans) .... x 30F= ....
Nbre de place enfants (moins de 10 ans) .... gratuit=
Tarif de Groupe: nous consulter

SUPER PROMO si vous réservez vos places avant le 1er juin.
Nbre de places PROMO ....x50F= ....

Vos repas du soir

Nbre de repas enfants .... x70F= ....
Nbre de repas adultes .... x100F= ....

ci-joint un chèque de ....
à l'ordre de "Les Amis du Château" ....

GRATUIT pour les enfants de moins de 10 ans
La représentation a lieu quelles que soient les conditions atmosphériques

FAMILLE, COPAINS, LOISIRS

3 Parler

Vous téléphonez à un(e) ami(e) français(e) pour l'inviter à un spectacle. Il/elle n'est pas à la maison. Vous êtes obligé(e) de laisser un message sur le répondeur.

Donnez en français les détails suivants concernant le concert pour lequel vous avez réservé deux billets:

- les stars du spectacle
- date de la séance
- heure de la séance
- prix des billets
- lieu du rendez-vous
- heure du rendez-vous.

C Le Monde où nous vivons

Une visite en Bretagne

1 Écouter et répondre

Jean-Pierre parle des photos qu'il a prises quand il a visité une école de danse en Bretagne. Choisissez la bonne image pour chaque description, et écrivez **le numéro**.

Description	Numéro
a	
b	
c	
d	
e	

[5 points: 4/5]

LE MONDE OÙ NOUS VIVONS

Le Plan de Courseulles

1 Lire et répondre

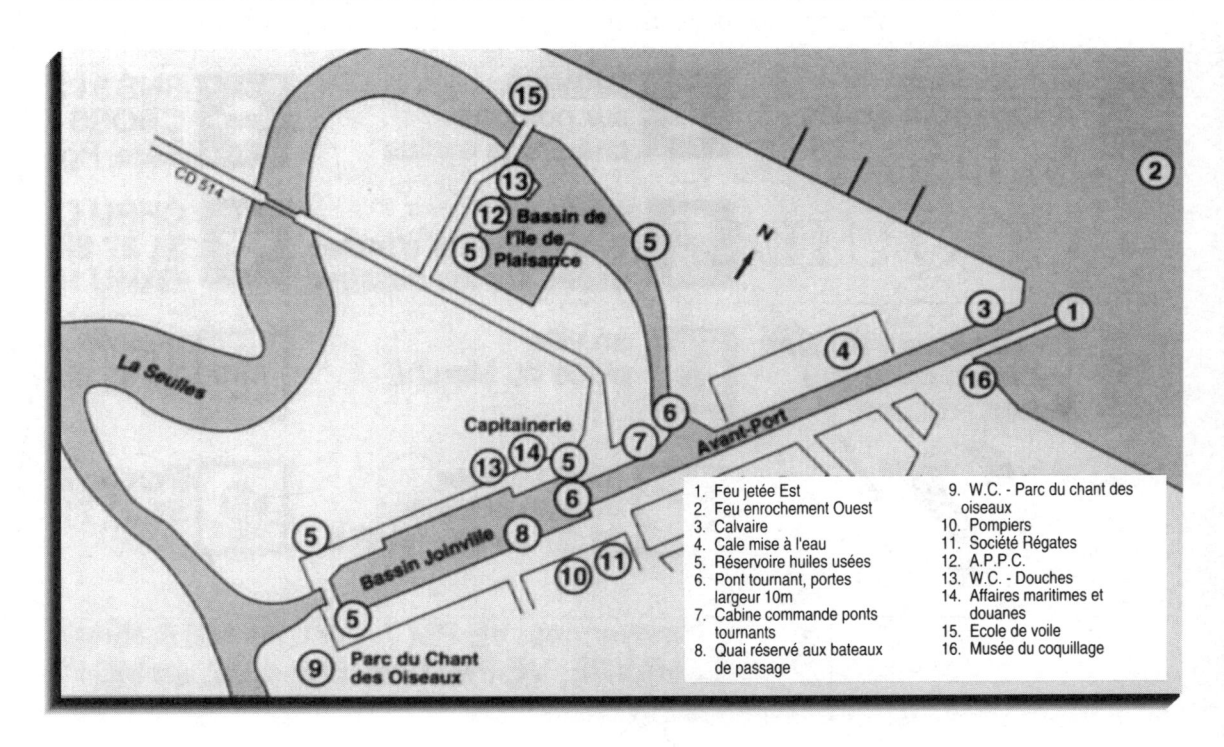

1. Feu jetée Est
2. Feu enrochement Ouest
3. Calvaire
4. Cale mise à l'eau
5. Réservoire huiles usées
6. Pont tournant, portes largeur 10m
7. Cabine commande ponts tournants
8. Quai réservé aux bateaux de passage
9. W.C. - Parc du chant des oiseaux
10. Pompiers
11. Société Régates
12. A.P.P.C.
13. W.C. - Douches
14. Affaires maritimes et douanes
15. Ecole de voile
16. Musée du coquillage

Voici un plan du port de Courseulles. Notez les numéros des endroits à trouver pour...

		Numéro(s)
a	notifier un incendie	
b	aller au cabinet	
c	regarder des expositions	
d	apprendre à faire de la voile	
e	garer son bateau pour quelques heures	
f	contacter les douaniers	

[7 points: 5/7]

2 Écouter et répondre

Écoutez les personnes qui parlent et notez **le numéro** de l'endroit qu'ils cherchent (**b** = 2 points)

Personne	Exemple	a	b	c	d	e	f
Endroit	13						

[7 points: 5/7]

LE MONDE OÙ NOUS VIVONS

3 Parler: Jeu de rôle

You are at the harbour in Courseulles sur Mer and are looking for the Musée du coquillage. You stop a stranger in the street to ask the way.
You speak first. Start the cassette when you have prepared the role-play:

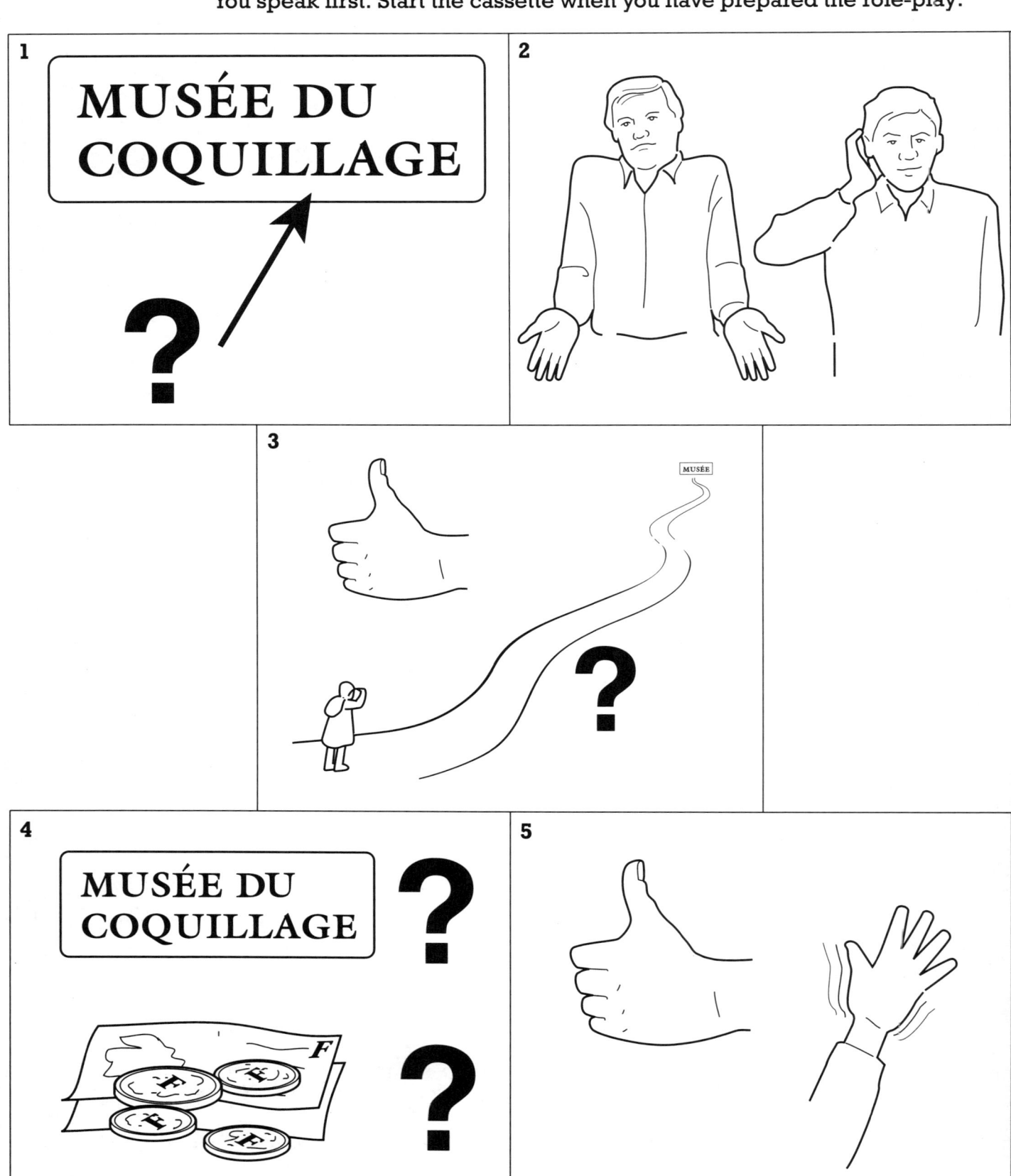

LE MONDE OÙ NOUS VIVONS

Honfleur

1 Lire et répondre

Voici un plan d'une partie de la Normandie avec une grille des distances entre Honfleur et les villes les plus importantes.

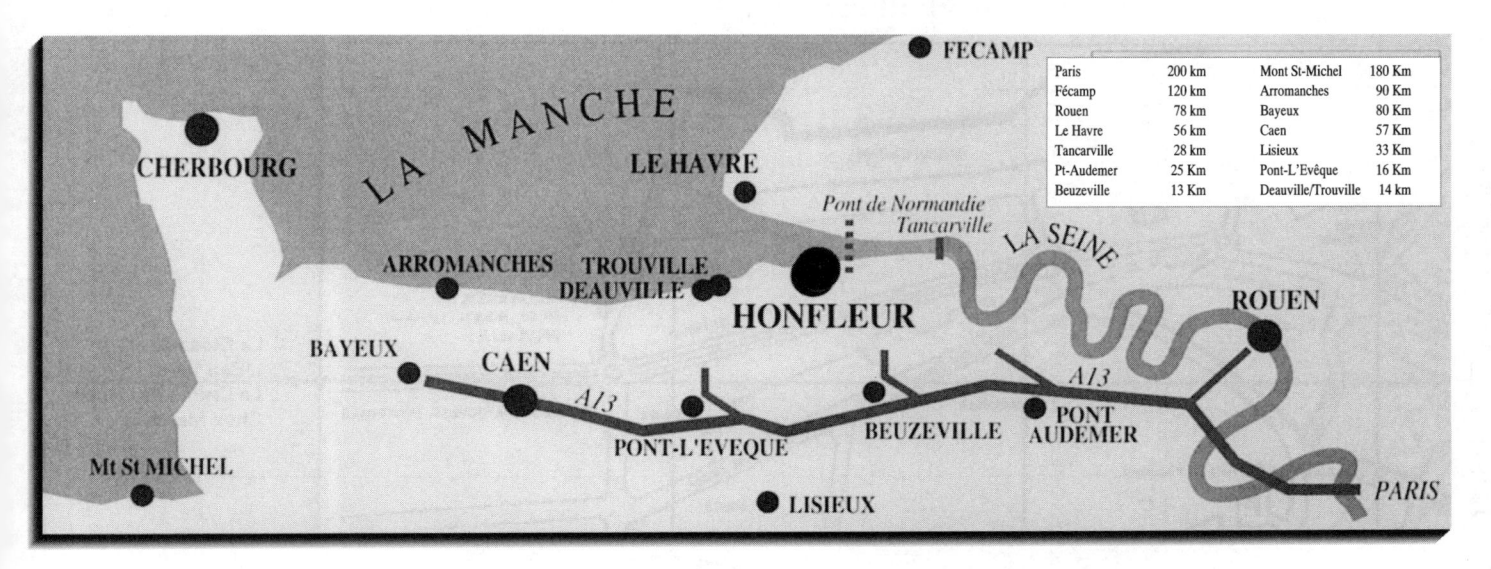

Paris	200 km	Mont St-Michel	180 Km
Fécamp	120 km	Arromanches	90 Km
Rouen	78 km	Bayeux	80 Km
Le Havre	56 km	Caen	57 Km
Tancarville	28 km	Lisieux	33 Km
Pt-Audemer	25 Km	Pont-L'Evêque	16 Km
Beuzeville	13 Km	Deauville/Trouville	14 km

Notez les noms des villes qui vont avec les descriptions.

Description	Ville	
a C'est la ville la plus proche d'Honfleur.		[1]
b Ces deux villes sont à égale distance d'Honfleur.		[2]
c Si on roulait à 90 km à l'heure, il faudrait deux heures pour arriver là.		[1]
d Cet endroit est exactement deux fois plus loin d'Honfleur qu'Arromanches.		[1]
e C'est la ville au bout de la route A13.		[1]
f C'est la ville la plus lointaine.		[1]

[7 points: 5/7]

LE MONDE OÙ NOUS VIVONS

2 Parler: Jeu de rôle

You are in Honfleur, staying with your French friends.

A stranger comes up to you in the street and asks for directions. (He speaks first.)

Look at the symbols carefully and start the tape when you are ready to carry out the conversation.

LE MONDE OÙ NOUS VIVONS

Les Courses

1 Écouter et répondre

Vous êtes en France chez votre correspondante, Claude, qui est absente de la maison.

Sa mère a laissé un message sur le répondeur. Elle vous demande de faire quelques petites courses.

Écoutez le message et indiquez dans la grille les articles désirés et leur description.

	Article	Description	
Exemple	*du lait*	*un litre*	
	1		[3]
	2		[2]
	3		[2]
	4		[3]
	5		[2]
	6		[3]

[15 points: 10/15]

LE MONDE OÙ NOUS VIVONS

Quelques produits français

1 Lire et répondre

Voici quelques produits qui sont associés à la France. Faites correspondre la description de chaque produit à son image.

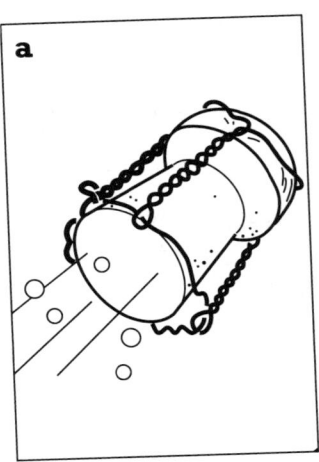

1 Faire un succès avec de l'eau et des bulles, c'est fou, non?
2 Ordinaire ou au beurre, il est la joie des grasses matinées.
3 On ne mange que la cuisse de cette créature qui n'a pas vraiment l'air appétisante.
4 Provenance exclusive: France. Destination: tous les pays du monde.
5 Petit, rond et doux, à la pâte moelleuse.
6 Simple, mais personne ne la fait comme nous! Et les salades l'adorent.

Description (numéro)	**Image** (lettre)
1	
2	
3	
4	
5	
6	

[6 points: 5/6]

LE MONDE OÙ NOUS VIVONS

2 Écrire

Préparez un poster pour décrire 3/4 produits typiques de votre région/pays. Écrivez une ou deux phrases pour décrire chaque produit.

3 Parler: Jeu de rôle

You are at a hypermarket with a French friend. He starts the conversation. Use the recording of his part of the conversation and the following visual prompts to carry out a conversation.

LE MONDE OÙ NOUS VIVONS

Publicité

1 Lire et répondre

Voici les détails des services offerts dans la publicité. Chaque personne en bas a besoin d'un de ces services.

Écrivez pour chaque personne le nom de l'endroit à contacter.

Cette personne...	Nom de l'endroit
a ... a 2 hectares d'arbres dont elle n'a pas besoin.	
b ... voudrait dîner.	
c ... veut essayer une spécialité typiquement normande.	
d ... veut s'offrir un dessert pour le repas du soir.	
e ... veut assurer sa voiture.	
f ... a besoin de cartes d'affaires.	
g ... doit acheter toutes sortes de provisions.	

[7 points: 5/7]

LE MONDE OÙ NOUS VIVONS

2 Parler: Jeu de rôle

You are in the café Moulin de Marcy and want to have a snack. Using the prompts below and the recording of the waiter on the cassette, carry out a conversation. He speaks first.

LE MONDE OÙ NOUS VIVONS

La Pollution dans le port

1 Lire et répondre

Fill in, in English, the details about the do's and don'ts listed in this notice to prevent pollution in the port of Courseulles.

Pollution dans le port

IL EST INTERDIT DE JETER DANS L'AVANT-PORT ET DANS LES BASSINS DES DÉTRITUS FLOTTANTS OU NON.

◆ ◆ ◆ ◆ ◆

TOUS LES DÉCHETS DOIVENT ETRE DÉPOSÉS DANS LES POUBELLES. DEUX CONTAINERS POUR LES HUILES USAGÉES SONT À DISPOSITION DANS LES DEUX BASSINS.

◆ ◆ ◆ ◆ ◆

L'USAGE DE WC MARINS EST STRICTEMENT INTERDIT.

◆ ◆ ◆ ◆ ◆

LES TRAVAUX DE PEINTURE À FLOT NE PEUVENT ETRE ENTREPRIS QUE S'ILS NE RISQUENT PAS D'ETRE UNE GENE POUR LES BATEAUX VOISINS, EN PARTICULIER LA PEINTURE DES SUPERSTRUCTURES ET DES MATS NE DOIT PAS ETRE ENTREPRISE PAR GRAND VENT.

floating rubbish		[3]
rubbish bins		[1]
two containers		[2]
'sea toilets'		[1]
painting work		[2]

[9 points: 6/9]

LE MONDE OÙ NOUS VIVONS

2 Parler: Jeu de rôle

Your French friend has been told to get rid of various items of rubbish from her father's boat. You are more pollution-conscious than your friend. In an effort to make her more aware, reply suitably in the gaps in the cassette to complete the conversation below. Use the information on page 68.

a

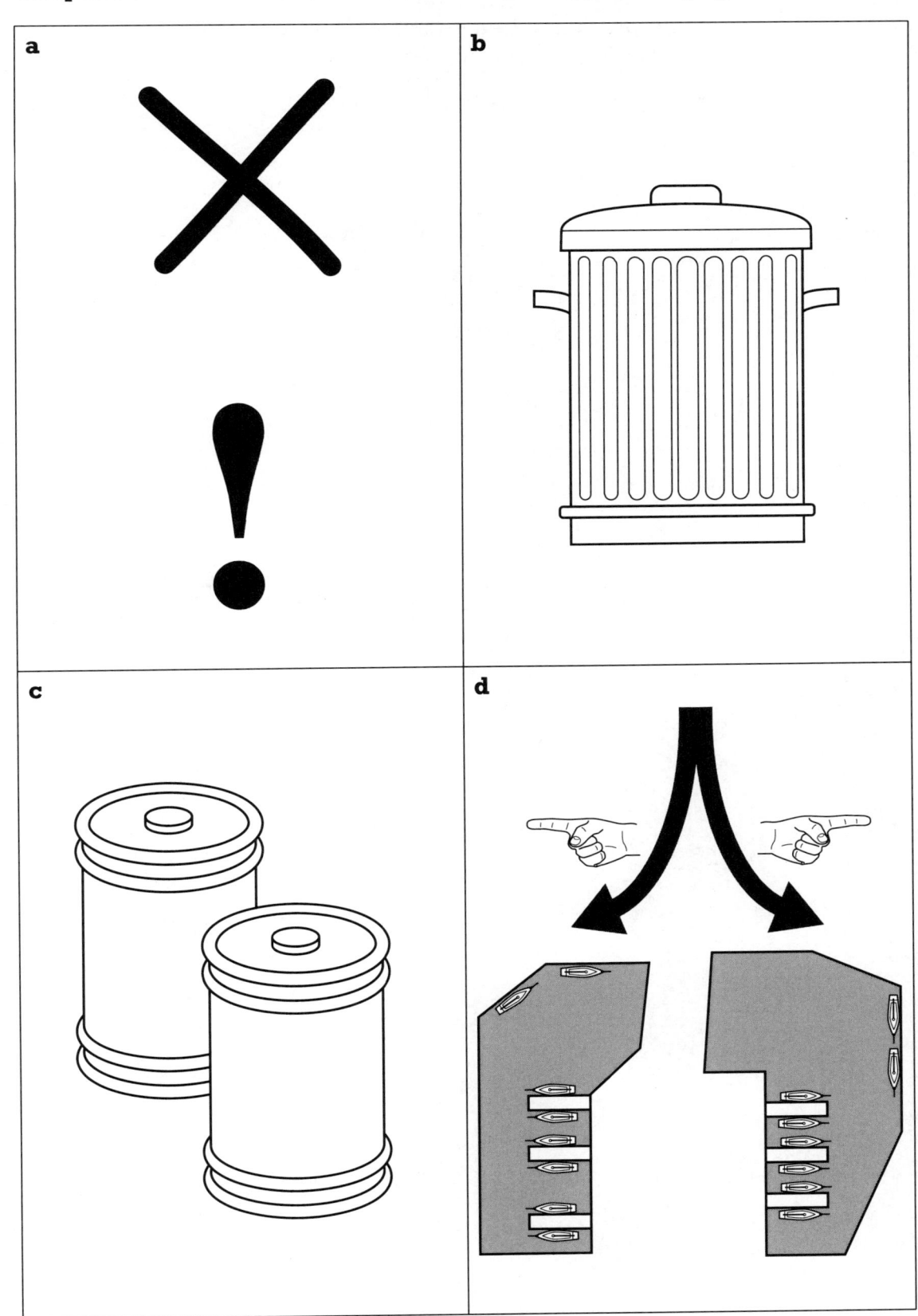

b

c

d

LE MONDE OÙ NOUS VIVONS

3 Écrire

You have a work-experience post in Courseulles harbour. The harbour police have arrested a boat-owner, Jean Chichi, for polluting the port. Write a statement for the police, describing all the offences you saw M Chichi commit. (Write 100-120 words.)

Begin your statement: «J'ai vu M. Chichi au moment de quitter son bateau, *L'île de Ré*. Il portait dans ses bras...»

LE MONDE OÙ NOUS VIVONS

Le Rêve de Brigitte Bardot

1 Lire et répondre

Lisez cet article au sujet de Brigitte Bardot.

> Depuis 1962, notre BB nationale mène une véritable croisade pour la protection animale. Ce qu'elle a fait dans ce domaine a fait d'elle une véritable «mère Teresa» des bêtes. Dans le premier programme de cette série, Brigitte Bardot s'attaque à la chasse et aux chasseurs.
>
> Parmi les pays de l'UE, la France a le plus grand nombre de chasseurs. On tue 45 millions d'animaux par an, on détruit des oiseaux migrateurs et des espèces protégées, malgré les protestations des scientifiques et des défenseurs de la nature. Qui sont les chasseurs? Pourquoi chassent-ils?
>
> Ce soir, un débat autour de ce thème s'organisera avec Ségolène Royal, ministre de l'Environnement, et Pierre Daillant, président de l'Union des Chasseurs. Pour mieux convaincre son auditoire, Brigitte Bardot présentera, en plus, des reportages tournés dans le sud-ouest de la France, en Alsace, en Suisse, en Afrique et en Amérique. ■

Mettez les phrases suivantes dans l'ordre, selon le sens de l'article.

a Massacre
b BB part en guerre
c Un responsable se défend
d On cherche à comprendre
e Une campagne qui a duré longtemps
f On n'écoute pas les plaintes
g Témoignages d'un peu partout
h Un record qui fait honte

[8 points: 6/8]

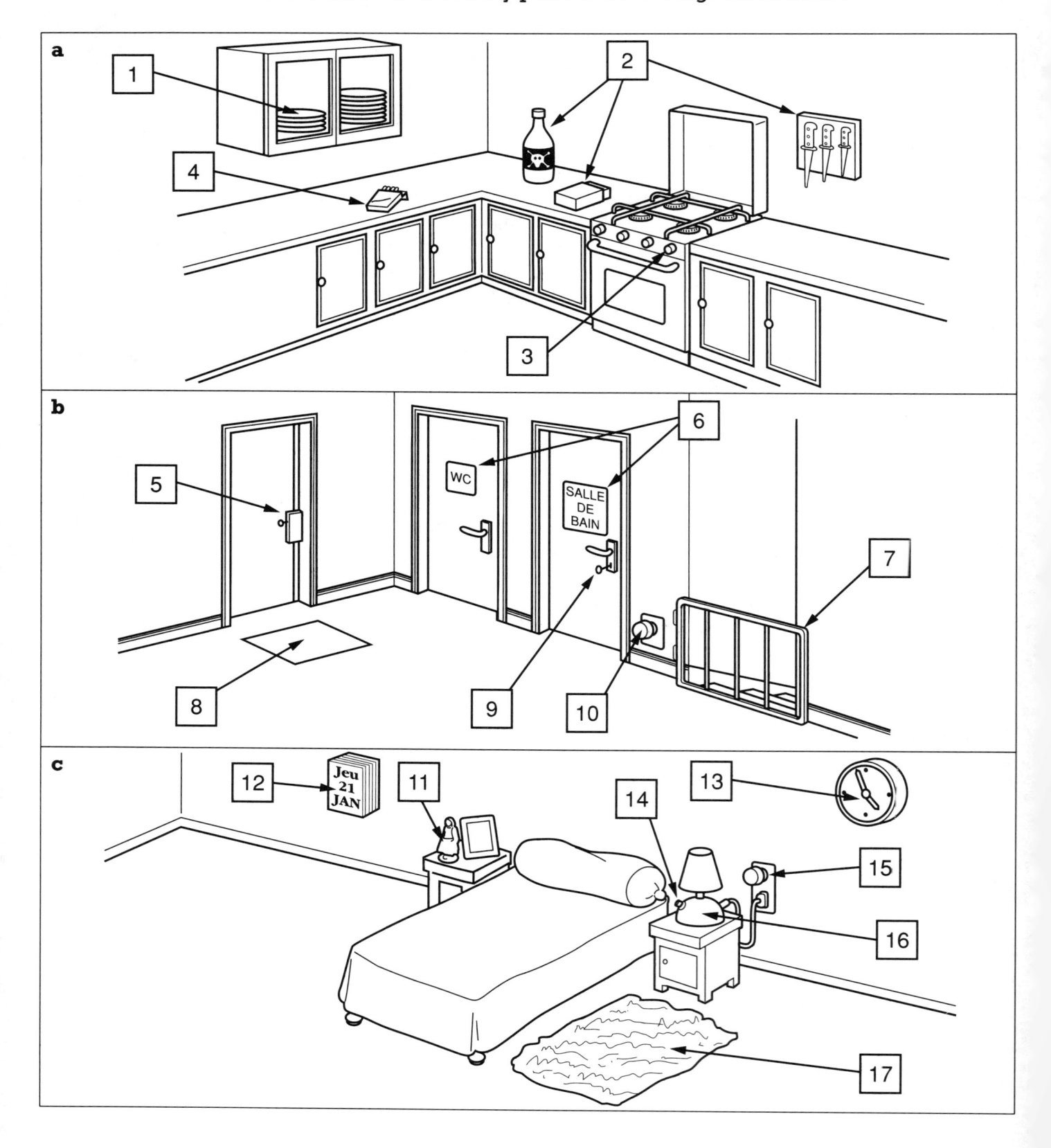

LE MONDE OÙ NOUS VIVONS

Quelques idées pour aménager la maison

1 Lire et répondre

This extract is part of an article showing how to alter accommodation to make it safer for an elderly person who is forgetful and frail.

LE MONDE OÙ NOUS VIVONS

a Allumez une veilleuse la nuit dans le couloir

b Installez une barrière de sécurité devant les escaliers

c Installez une veilleuse pour la nuit

d Retirez tous les petits tapis

e Attention aux cigarettes, le risque d'incendie est réel

f Rangez les objets habituels toujours au même endroit

g Un calendrier permet de se repérer dans le temps

h Ne laissez pas les clés sur les portes intérieures

i Supprimez la descente de lit

j Enlevez les boutons de la cuisinière, coupez le gaz. Il ne doit pas pouvoir se servir seul des appareils ménagers.

k Retirez petits meubles et bibelots

l Enlevez tout ce qui peut être dangereux

m Choisissez une lampe de chevet dont la base est lourde, donc plus difficile à renverser

n Munissez la porte extérieure d'un système de sécurité tel qu'il ne puisse l'ouvrir seul

o Accrochez une grosse pendule

p Indiquez les pièces importantes

q Interrupteur de lampe bien visible

Faites correspondre les flèches et les instructions.

	Flèche	Instruction	Flèche	Instruction
Exemple	1	f	10	
	2		11	
	3		12	
	4		13	
	5		14	
	6		15	
	7		16	
	8		17	
	9			

[16 points: 12/16]

LE MONDE OÙ NOUS VIVONS

2 Lire et répondre

Answer the following questions in English.

1 What should we do with the cooker and the gas? [2]

....

2 Why should we check all the interior doors? [1]

....

3 Why is a calendar useful? [1]

....

4 What should be done to the outside door? [2]

....

5 What kind of bedside lamp should be chosen and why? [3]

....

6 What is the problem with cigarettes? [1]

....

7 What should be done with bedside rugs? [1]

....

[11 points: 8/11]

3 Parler

Imagine you are going to do all the things indicated in the bottom picture. Prepare and record on tape an explanation of what you are going to do and why.

LE MONDE OÙ NOUS VIVONS

4 Écouter et répondre

Écoutez cette conversation sur l'appartement d'un vieil oncle. Son neveu et sa nièce vont l'aménager pour lui.

Notez les lettres des suggestions à la page 73 dans l'ordre où vous les entendrez.

....

[10 points: 7/10]

5 Écrire

Write a letter to your French-speaking penfriend describing how you and your family plan to alter an old aunt's or uncle's home, to make it easier for her or him to cope. (Write 100–120 words.)

D Le Monde du travail

Magasin 2

1 Écouter/Lire et répondre

Il y a un nouvel employé à la réception du Magasin 2 de Samaritaine, à Paris. Il fait des erreurs quand il donne des renseignements aux clients. Vous avez ici les détails corrects.

MAGASIN 2.
Mode – Maison – Bricolage.

11ᵉ PANORAMA – TABLE D'ORIENTATION.
Accès par 9ᵉ étage.

10ᵉ TERRASSE BAR/RESTAURANT *(en saison)*.
Accès par 9ᵉ étage.

5ᵉ LINGE DE MAISON – COUVERTURES.
MACHINE À COUDRE – MERCERIE.
RESTAURANT
GRILL – SELF-SERVICE – CAFETERIA.

4ᵉ MEUBLES – CANAPÉS – SIÈGES.
LITERIE – RANGEMENT.

3ᵉ ARTS DE LA TABLE – BOUTIQUE MARIAGE
ART CULINAIRE – LUMINAIRES
ÉLECTROMÉNAGER – MEUBLES DE CUISINE
FLEURS ARTIFICIELLES. Passerelle accès magasin 4.

2ᵉ MODE HOMME – CHAUSSURES –
MODE ENFANT – ESPACE BÉBÉ –
PUÉRICULTURE/LAYETTE. Passerelle accès magasin 4.

1ᵉʳ MODE FEMME – LINGERIE.

RdC PARFUMERIE – BIJOUTERIE – HORLOGERIE
MAROQUINERIE – BAGAGES
BAS/COLLANTS – CHAUSSURES FEMMES
"JUSTE AU COIN DE LA RUE".

S/S ESPACE 2 – BRICOLAGE
DÉCORATION –
SALLE DE BAINS – JARDINERIE.
Accès direct métro et parking.
Les 4 magasins communiquent entre eux par le sous-sol.

Écoutez les conversations et écrivez **V** ou **F** pour indiquer si les informations sont vraies ou fausses.

Client	Vrai ou Faux?
a	
b	
c	
d	
e	
f	
g	
h	

[8 points: 6/8]

LE MONDE DU TRAVAIL

2 Parler: Jeu de rôle

You are in Magasin 2 and you need to go to the restaurant to find your friend and his/her family, so you ask the lift operator. Look carefully at the points you need to make and start the cassette when you are ready. The lift operator speaks first.

- rendez-vous au restaurant avec ami(e) et famille
- vous ne savez pas
- description de vos amis
- étage?
- remercier

LE MONDE DU TRAVAIL

Publicité Leclerc

1 Écouter et répondre

	Article	Prix
Exemple	a	11 F 30
	b	
	c	
	d	
	e	
	f	
	g	
	h	
	i	
	j	
	k	
	l	

Il y a un nouvel employé dans la section de publicité de l'hypermarché Leclerc. Malheureusement, il a oublié de mettre les prix dans cette publicité.

Une employée annonce les prix.

Écoutez la cassette et notez les prix corrects:

[11 points: 7/11]

LE MONDE DU TRAVAIL

2 Lire et répondre

Faites correspondre les descriptions avec les articles à la page 78: écrivez **la lettre** qui correspond à l'article correct.

Description	Article
1 coffret compas	
2 gilet manches longues carreaux	
3 lot de 5 cahiers piqûre	
4 T-Bike Monopoutre	
5 bottillon dessus croûte de cuir, noir	
6 deux pochettes à dessin	
7 sweat Uni	
8 pantalon jodhpur	
9 jean mixte	
10 boîte de 18 crayons de couleur	
11 bottillon croûte de cuir, coloris assortis	

[11 points: 7/11]

LE MONDE DU TRAVAIL

3 Parler: Jeu de rôle

You are at the customer service desk at a Leclerc hypermarket. You want to change a pair of blue boots which someone bought you as a present. Start the conversation when you are ready to speak. (You begin the conversation.)

- de l'aide
- échanger
- une paire de bottines, 59f90
- pointure
- supplément, où payer?
- remerciement

4 Écrire

You are studying in France. You wish to place an advert on the small-ads board in your local hypermarket.
Write a postcard offering the following articles for sale:

- compass set (seven pieces)
- walking boots, leather uppers, size 39
- mountain bike, 12 gears with grip change

Start your ad like this:

À VENDRE

un[e]....................., accepte X francs.

LE MONDE DU TRAVAIL

Un boulot au café

CAFÉ-RESTAURANT
VAL DE LOIRE

Ce café-restaurant haut-standing
RECHERCHE

- Jeune personne d'expression anglaise, désirant apprendre le métier de café-restaurateur.

- Cette personne doit avoir déjà quelques connaissances du français, mais l'essentiel au début est de pouvoir communiquer avec nos clients américains et britanniques.

- Rémunération intéressante plus logement.

- Écrivez avec CV à:
Paule Chinon, Propriétaire,
Le Val de Loire,
96, rue des Charentes,
86.000 Poitiers

1 Lire et répondre

Read the job advert and note down the following details in English.

a Name of the restaurant [1]

b Type of restaurant [1]

c The kind of person they are looking for [2]

d What you need to be able to do [2]

e What is said about accommodation [1]

f What you have to include with your letter [1]

[8 points: 6/8]

LE MONDE DU TRAVAIL

2 Lire/Écrire

You are very interested in the advert on page 00 and decide to apply for the job. Write in French the CV requested (100–120 words), using the following headings:

Nom:

Adresse permanente:

Âge:

Études/Diplômes:

Expérience professionnelle:

Aptitudes pour le travail:

Personnalité:

Intérêts personnels:

LE MONDE DU TRAVAIL

3 Parler: Jeu de rôle

You are being interviewed by Mme Chinon for the job at the Val de Loire. Study the points you need to make and start the cassette when you are ready to answer her questions.

- 4 ans de français à l'école
- visite en France avec l'école...
- ... il y a deux ans
- vous avez séjourné à Paris...
- ... près de l'Arc de Triomphe
- séjour très agréable, mais porte-feuille perdu.

LE MONDE DU TRAVAIL

La Lettre d'Émilie

1 Lire et répondre

The following letter is a response to an advert for an au pair. Write a summary in English of the main points of the letter, using the following headings:

- Character and personality [7 pts]
- Experience [3 pts]

[10 points: 7/10]

Monsieur,

Ayant lu votre annonce parue le 20/04/94, je vous écris, car la situation de fille au pair m'intéresserait. J'ai 16 ans, je suis calme, posée et d'une grande discrétion.

J'ai déjà fait du baby-sitting en famille, mais aussi chez des personnes m'étant inconnues.

J'aime beaucoup les enfants, je sais être attentive à leurs besoins, les occuper, et devenir pour eux une amie. De tous âges, ils m'intéressent.

J'ai un petit frère dont je m'occupe souvent depuis la naissance, car mes parents travaillent.

J'espère correspondre à votre demande. Dans l'attente de votre réponse, je vous prie d'accepter l'expression de mes sentiments les meilleurs.

Émilie

2 Écrire

Using the letter shown above to help you, write a letter applying for an au pair post, starting in September, making sure you mention:

- what sort of a person you are
- your experience of young children
- your age, education
- your part-time job (e.g. helping out at a local nursery school)
- that you speak good French
- that you can start at the beginning of September.
- Remember to end your letter appropriately.

(Write 100–120 words.)

Begin your letter like this:

Madame,

    J'ai lu votre annonce dans le Var Matin du 18 juin et je …

LE MONDE DU TRAVAIL

Le Baby-sitting

1 Lire et répondre

You read this article about jobs for teenagers.

> Ça y est, vous vous êtes décidé. Vous serez baby-sitter. Mais attention, aimez les enfants! Cela paraît évident, mais trop souvent nombre d'ados voient uniquement l'argent qu'ils vont gagner, et pas l'intérêt des petits.
>
> Pour trouver votre enfant, vous avez deux possibilités: la petite annonce chez le commerçant ou la candidature dans des sociétés spécialisées. Si vous êtes disponible pendant la journée, ne négligez pas non plus les écoles maternelles de votre ville.
>
> Puis il faut que vous vous présentiez chez votre futur employeur. Il y a deux trucs à ne pas faire:
> - fumer
> - porter des vêtements un peu trop originaux.
>
> La première fois, arrivez à l'heure, à temps pour prendre les dernières instructions des parents. Notez leur numéro de téléphone, ou celui d'un proche de la famille et, en espérant ne pas en avoir besoin, le numéro du médecin de garde. Demandez l'autorisation d'utiliser télé, radio voire téléphone. Elle vous sera pour sûr accordée mais si vous preniez un peu trop vos aises, cela vous serait reproché et vous pourriez très bien ne pas recevoir de salaire. ■

Complete, in English, the following statements:

1 The first requirement for a baby-sitter is to … [1]

....

2 Many teenagers are unsuitable for this work because … [1]

....

3 *Two* ways in which you can find a baby-sitting job are … [2]

....

4 Don't rule out nursery schools if you are … [1]

....

5 When you turn up for interview, you shouldn't … [2]

....

6 The first time you baby-sit, you should arrive … [1]

....

7 If you take too much for granted, you may find that … [1]

....

[9 points: 7/9]

LE MONDE DU TRAVAIL

2 Lire et répondre

The article then suggests alternative jobs to baby-sitting. A number of words are missing. For each blank write the most suitable word chosen from the list provided.

> Si vous n' [a] .... pas à [b] .... de place de baby-sitter, pourquoi ne pas [c] .... le dog-sitting ou le granny-sitting?
> Le premier est idéal pour les [d] .... des animaux. Pour promener un chien, on vous [e] .... une trentaine de francs [f] .... une demi-heure.
>   Pour le second vous devriez aider un papy ou une mamy à faire ses [g] .... ou les veiller s'ils sont [h] ....

aimez	maîtres
amis	malades
arrivez	marcher
chercher	mauvais
courses	pendant
essayer	pour
essayez	proposera
magasins	trouver

Exemple: [a] arrivez

[7 points: 5/7]

3 Écrire

Vous écrivez à votre corres au sujet du petit job que vous avez trouvé comme baby-sitter.

Mentionnez:

- comment vous avez trouvé ce job
- l'âge de l'enfant/des enfants
- ce que vous allez devoir faire.

LE MONDE DU TRAVAIL

Comment devenir journaliste

1 Lire et répondre

Lisez l'article.

Vous aimez le sport, la mode, la politique ou la musique pop... faites de ces passions un métier! Etre journaliste, c'est essayer de communiquer tout ce qui vous branche sur papier, derrière un micro ou devant une caméra. Mais attention, c'est une profession aux mille facettes, certaines brillent, d'autres moins.

Sophie est correspondante d'une grande radio française à Moscou. Sa formation: une maîtrise de russe et deux ans d'école de journalisme. **Laurence** travaille dans un grand quotidien parisien. Elle s'occupe de vie quotidienne: de la mode à la vie des enfants. Son expérience: du droit, des langues et une école de journalisme. **Vincent** préfère le sport. Son truc, la télé. De petits boulots en stages, il a réussi à entrer à TFl... et à rester!
Trois expériences, trois parcours totalement différents! Existe-t-il alors une voie simple pour réussir dans ce métier? Plutôt que de vous donner un seul menu, voici des propositions à la carte.
Première solution: faire le forcing. Vous parcourez toutes les rédactions. Ce n'est pas facile, mais faut ce qu'il faut! Très souvent les journaux manquent d'idées, de sujets. Les vôtres seront donc peut-être les bienvenus. À vous de savoir les vendre. Pour accrocher, il vous faudra du talent, une bonne plume, et surtout beaucoup de patience et de courage. Les rédactions qui engagent sur une simple mine sont de plus en plus rares. Elles veulent des gens immédiatement opérationnels et ne veulent guère former des gens. Bonne chance!
Autre solution, les études! Après le bac, vous choisissez une formation vous assurant une bonne culture générale: économie, lettres, histoire, géographie ou langues... Vous allez jusqu'au Deug (2 ans) ou à la Licence (3 ans). Ensuite, il faut tenter une école de journalisme. Elles recrutent toutes par concours (des épreuves de culture générale accompagnées de tests sur le terrain: reportages, interviews...) qui comptent beaucoup de candidats et assez peu d'élus (en moyenne 3 sur 4 sont éliminés – pas très encourageant!).

LE MONDE DU TRAVAIL

1 Lire et répondre

Indicate whether each of the following statements is TRUE or FALSE according to the article:

To become a journalist …	True/False
a you need to have initiative	
b you should not come out with your own, personal ideas	
c you need to be able to 'sell yourself'	
d a degree is essential	
e you should study at a school of journalism	
f there's a lot of competition	

[6 points: 4/6]

2 Lire et répondre

Remplissez les détails dans la grille en français:

1 Les passions mentionnées		[4]
2 La formation de Sophie		[2]
3 Le métier de Laurence		[1]
4 Les études de Laurence		[3]
5 L'expérience de Vincent		[1]

[11 points: 7/11]

3 Parler: Jeu de rôle

You are to be interviewed for a place at a college of journalism. Using the following prompts, and the information in the article, prepare for the interview. Start the cassette when you are ready to answer the interviewer's questions.

- votre personnalité
- vos intérêts
- votre expérience (imaginez un peu!)
- vos ambitions

© IT IS ILLEGAL TO PHOTOCOPY THIS PAGE

LE MONDE DU TRAVAIL

Les Facteurs de France

1 Lire et répondre

Faites correspondre les slogans avec les images. Remplissez la grille ci-dessous en écrivant **la lettre** du bon slogan.

a À la campagne, on a une petite conversation avec le facteur.

b Ils sont 100.000 facteurs à prendre la route par tous les temps.

c Chaque année plus de 21 milliards de lettres, journaux, paquets sont triés dans 132 centres.

d Ils parcourent, chaque jour, de 8 à 15 km à bicyclette, avec un seul souci – la ponctualité.

e Le milieu rural représente la moitié des 72.200 tournées quotidiennes.

f À Paris, 6.200 facteurs, dont 48% de femmes, arpentent les rues.

Image	Slogan
1	
2	
3	
4	
5	

[5 points: 4/5]

LE MONDE DU TRAVAIL

2 Lire et répondre

1. Sur l'ensemble de la France, ce sont donc 100.000 facteurs des villes et des champs qui, chaque année, parcourent 583 millions de kilomètres pour desservir, six jours sur sept, 24 millions de foyers. Leur souci constant: la ponctualité.

2. Ainsi, en juin dernier, une étude portant sur 150.000 lettres expédiées au tarif ordinaire montrait que sept sur dix arrivent le lendemain à destination, deux mettent deux jours et seulement une ne parvient qu'au bout de trois jours.

3. À Paris, 6.200 facteurs, dont 48% de femmes, arpentent, trois fois par jour, rues, places et avenues. Seulement 12,4% sont originaires de l'Ile de France. Les autres viennent de Bretagne, des Pays de Loire, d'Aquitaine, d'Alsace…

4. Moyenne d'âge: moins de 30 ans. Eric Jentrelle en a 27. Et espère obtenir sa mutation en Normandie. «J'aime cette région», dit-il pour expliquer son souhait.

5. Sa collègue Isabelle Brunet-Fréchant, 28 ans, a demandé Nantes, d'où son mari, contrôleur dans le 14e arrondissement, est originaire. En 1990 elle a quitté son Cher natal et ses parents agriculteurs. Une cousine, préposée à Paris, lui avait alors parlé des PTT…

6. C'est également une cousine postière qui avait conseillé Dominique Jouglen, 29 ans. Il habitait les Pyrénées-Atlantiques et, après une année de fac d'anglais, il se perdait dans de petits boulots sans lendemain. Il y a trois ans, il débarque rue des Renaudes. Son rêve: une mutation en Gironde. «Ce n'est pas loin de chez moi. Je devrais l'obtenir dans deux ans, maximum.»

Pour chaque paragraphe, choisissez le titre correct. Vous n'aurez pas besoin de tous les titres.

Titre	Numéro du paragraphe
a C'est comme ça dans la capitale!	
b Il n'aura pas trop longtemps à attendre.	
c Le courrier doit arriver à l'heure!	
d Enfin, un métier permanent!	
e Un membre de la famille travaille déjà dans les PTT.	
f Il voudrait travailler dans la région qu'il adore.	
g La plupart arrivent le jour suivant.	

[7 points: 5/7]

LE MONDE DU TRAVAIL

3 Lire et répondre

Trouvez l'explication correcte de chaque chiffre du texte. Vous aurez peut-être besoin de relire les paragraphes dans l'exercice 2.

	Chiffre	Lettre de l'explication
Exemple	*100.000*	*h*
1	583.000.000 km	
2	24.000.000	
3	150.000	
4	7/10	
5	6.200	
6	48%	
7	12,4%	

Les explications

a le pourcentage de facteurs-femmes dans la capitale
b le nombre de lettres dans l'étude sur la poste
c le nombre de postiers à Paris
d le nombre de voitures de poste à Paris
e la distance faite chaque année par les facteurs français
f le nombre d'appartements et de maisons en France
g le pourcentage des facteurs parisiens qui sont originaires de la région
h le nombre de facteurs en France
i le nombre de nouveaux facteurs chaque année
j le nombre de lettres qui sont arrivées en moins de 24 heures

[7 points: 5/7]

LE MONDE DU TRAVAIL

4 Écouter et répondre

Qui écrit?

Un présentateur de radio lit des extraits des lettres écrites par Eric Jentrelle, Isabelle Brunet-Fréchant et Dominique Jouglen. Remplissez la grille.

Cochez ✓ pour montrer qui a écrit chaque phrase.

	Eric Jentrelle	Isabelle Brunet-Fréchant	Dominique Jouglen
1			
2			
3			
4			
5			
6			

[7 points: 5/7]

5 Parler: Jeu de rôle

You are to be interviewed for the job of postman. Use the prompt points below and the information in the article to answer the questions.

- un bon facteur doit être comment?
- travail en plein air
- campagne/ville
- assez dur, faut être en forme

LE MONDE DU TRAVAIL

Toi qui as perdu ton emploi

1 Lire et répondre

Voici le commentaire sur les images.

Mettez les images dans le bon ordre, en écrivant le bon numéro à côté de chaque phrase.

	Si tu es…	Numéro de l'image
	a anxieux,…	
Exemple	**b** *déprimé*,…*	5
	c désespéré,…	
	d peu apprécié,…	
	e que fais-tu?	
	f Mendies-tu?*	
	g Bois-tu de l'alcool?	
	h Te mets-tu en colère?	
	i Non, on t'aidera!	

* déprimé = *depressed*
mendier = *to beg*

[8 points: 6/8]

LE MONDE DU TRAVAIL

2 Écouter/Lire et répondre

Chaque personne qui parle va utiliser un mot-clé que vous avez déjà rencontré dans la tâche numéro 1. Pour chaque personne, notez ce mot-clé dans le blanc:

Qui parle?	Mot-clé
Exemple *Personne A*	*déprimé*
Personne B	
Personne C	
Personne D	
Personne E	
Personne F	
Personne G	
Personne H	

[7 points: 5/7]

3 Écrire

You have received a letter in which your French friend, Claude, talks about various friends and how they get angry, depressed, etc. Write a reply (100–120 words) describing some of your own friends who feel …

- anxious
- unappreciated
- angry
- sad
- depressed
- desperate, etc.

LE MONDE DU TRAVAIL

La Boxe – un projet

1 Lire et répondre

Farid describes in the following interview how he started a kick-boxing club.

> *Farid, 18 ans, est en terminale au lycée. Cet été, il est parti avec deux copains passer le brevet d'initiateur à la boxe française. Diplôme en poche, ils ont décidé de créer un club de Boxe Française dans leur quartier.*
>
> - **Intervieweur:** Comment est né le projet d'un club de Boxe Française?
> - **Farid:** Trois d'entre nous avons fait un stage au début de l'été, les autres ont commencé à pratiquer ici, et on a décidé de s'organiser. La Boxe Française intéressait beaucoup de jeunes autour de nous, alors on n'a pas eu de mal à démarrer.
>
> - **Intervieweur:** Comment va fonctionner le club? Il sera ouvert à qui?
> - **Farid:** Au début on avait prévu de faire musculation et boxe, mais vu le nombre de jeunes intéressés, on va séparer les deux activités. On pourra pratiquer l'une ou l'autre ou bien les deux. L'entraînement pour la boxe est déjà complet en lui-même. Pour les tarifs, on ne changera pas ce qui était prévu: le plus bas possible. On espère obtenir une subvention de la municipalité.
>
> - **Intervieweur:** Est-ce que les filles peuvent pratiquer la Boxe Française? Y en a-t-il au club?
> - **Farid:** Oui, bien sûr! Il y a beaucoup de filles qui boxent. Je pense qu'il y en aura à venir s'entraîner ici.
>
> - **Intervieweur:** Penses-tu que la boxe, et le sport en général, permet de se sentir mieux au quotidien? Qu'est-ce que cela t'a apporté?
> - **Farid:** Le sport est très important pour nous. Surtout ici, dans un quartier pas toujours marrant. On se sent mieux, ça nous donne un équilibre. Cela m'a appris à me maîtriser, à avoir confiance en moi. Il suffit de voir les plus jeunes qui viennent s'entraîner: au début, ils se battent, après ils se respectent.

Answer the questions in English.

1 What did Farid do before setting up the club, and when? [2]

....

2 What did local young people feel about Farid's project and what was the result? [2]

....

3 Why are the two main activities of the club going to be separated? [1]

....

4 How does Farid hope to keep costs down? [1]

....

LE MONDE DU TRAVAIL

5 What expectation does Farid express about girls? [1]

....

6 What does Farid say about the location of the club? [1]

....

7 In Farid's opinion, what are the benefits of kick-boxing? [4]

....

8 What change has Farid noticed in the youngest people who come to the club? [2]

....

[14 points: 10/14]

2 Lire et répondre

Lisez la suite de l'interview. Choisissez parmi les mots dans la case pour remplir les blancs.

■ **Intervieweur** Tes projets? La boxe professionnelle?

□ **Farid** Non, ça ne m'[a] .... pas. On ne boxe pas pour [b] .... champion comme au [c] .... On [d] .... peut-être une ou deux [e] .... inter clubs, pour le sport, mais c'est [f] .... Ce qui [g] .... c'est de réussir ses [h] .... pour s'en sortir. On aimerait bien organiser des [i] .... de soutien scolaire pour ceux qui viennent au club, mais ce n'est pas [j] .... Mon objectif c'est la mention au [k] ....

activités	devenir	fera
bac	études	intéresse
cinéma	étudiants	rencontres
compte	facile	tout
deviner	faisait	

[11 points: 9/11]

LE MONDE DU TRAVAIL

3 Écrire

Write a publicity leaflet in French advertising a new club. Include the points listed below.

- are you 14+?
- nothing to do?
- come to new club (give it a name)
- open weekends and school holidays, from 10.00–22.30
- make new friends
- dance, listen to music
- table-tennis
- cost: only £1 per day

E Le Monde international

Le Tour de France des vacances

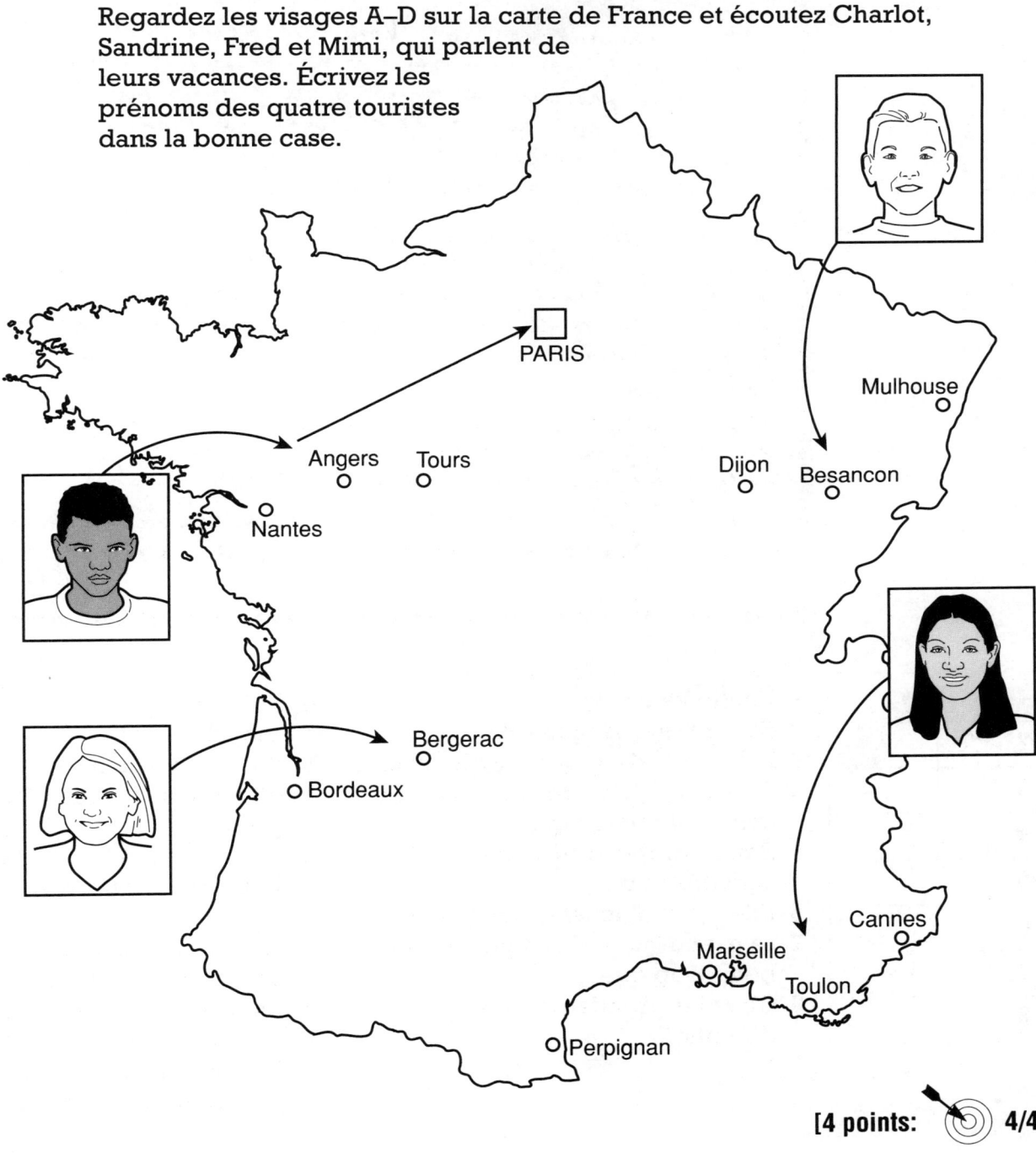

1 Écouter et répondre

Regardez les visages A–D sur la carte de France et écoutez Charlot, Sandrine, Fred et Mimi, qui parlent de leurs vacances. Écrivez les prénoms des quatre touristes dans la bonne case.

[4 points: 4/4]

	a	b	c	d
Nom				

LE MONDE INTERNATIONAL

Salut Bob

1 Lire et répondre

Lisez la lettre d'Émilie, puis remplissez la grille en faisant correspondre la deuxième partie de chaque phrase à la première (selon le sens du texte).

> Salut Bob,
>
> Alors, comment vas-tu ? Voilà, je t'écris pour te faire une proposition : voudrais-tu venir passer quelques jours chez moi pendant le mois d'août ? Si oui, écris-moi. Tu verras que mes parents sont très gentils et ils seraient ravis de t'accueillir ! Bien que j'habite à la campagne, il y a plein d'activités pour nous occuper.
>
> Nous pourrons faire des balades en vélo (tu prendras celui de mon père) dans les bois, c'est magnifique, aller à la piscine, retrouver mes copains pour faire un feu de camp. Je leur ai parlé de toi, tu verras, ils sont très sympas. Nous pourrons aussi écouter de la musique, j'ai de nouveaux C.D.
>
> Ma grand-mère aimerait beaucoup que nous allions chez elle, elle est géniale, et nous irons aussi à la pêche dans l'étang de mon grand-père.
>
> Voilà le programme de nos vacances. Parles-en à tes parents et viens quand tu veux. Grosses bises, Émilie

1	e
2	
3	
4	
5	
6	
7	
8	

1 Émilie veut savoir si …
2 Elle dit que ses parents …
3 Émilie n'habite pas en ville mais…
4 On pourra faire des excursions ensemble parce que…
5 Émilie propose beaucoup d'autres activités que…
6 Elle vient d'acheter des C.D. que…
7 La grand-mère d'Émilie voudrait beaucoup que…
8 Chez les grands-parents d'Émilie…

a Bob pourra emprunter une bicyclette.
b Bob pourra écouter.
c on pourra aussi attraper des poissons.
d Bob et Émilie lui rendent visite.
e Bob voudrait faire un séjour chez elle.
f tout le monde va chanter
g on ne s'ennuie pas.
h pour Bob, ça ne fait rien.
i sont d'accord.
j Bob, Émilie et ses copains pourront faire ensemble.

[7 points: 5/7]

LE MONDE INTERNATIONAL

2 Écouter et répondre

Émilie parle avec Bob au téléphone au sujet de sa visite chez elle.

Faites correspondre les réponses de Bob avec ce que dit Émilie.

Voici les réponses de Bob. Pour chaque réponse, écrivez le bon numéro.

	Réponse de Bob	Numéro de la suggestion d'Émilie
Exemple	Formidable! J'allais justement te demander ce que je dois faire quand j'arriverai au port.	5
a	Oui, oui. J'ai été très paresseux.	
b	Je crois que tu as raison. Tout ce que tu proposes me semble excellent.	
c	Oui, je veux bien. Je suis libre à partir du 20 juillet, pour six semaines.	
d	Entendu, je leur dirai ça, ils seront très contents.	
e	Oui, ils pensent que c'est une excellente idée.	

[5 points: 4/5]

3 Écrire

Répondez à la lettre d'Émilie. Mentionnez:

- quand vous pourrez venir chez elle
- comment vous ferez le trajet
- demandez comment trouver sa maison
- quelle activité proposée vous intéresse le plus et pourquoi
- vos idées pour une visite d'Émilie chez vous.

LE MONDE INTERNATIONAL

4 Parler: Jeu de rôle

You are talking on the phone with your French friend about your planned visit to France. He starts the conversation. Use the cassette recording and the following prompts to carry out the conversation.

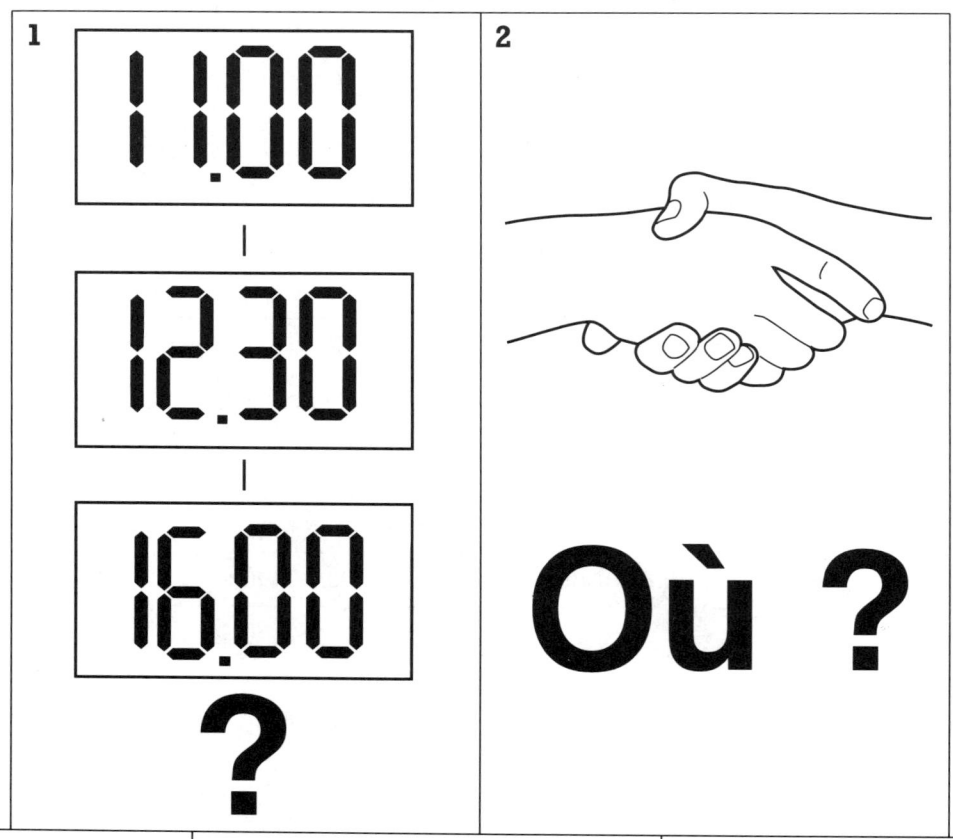

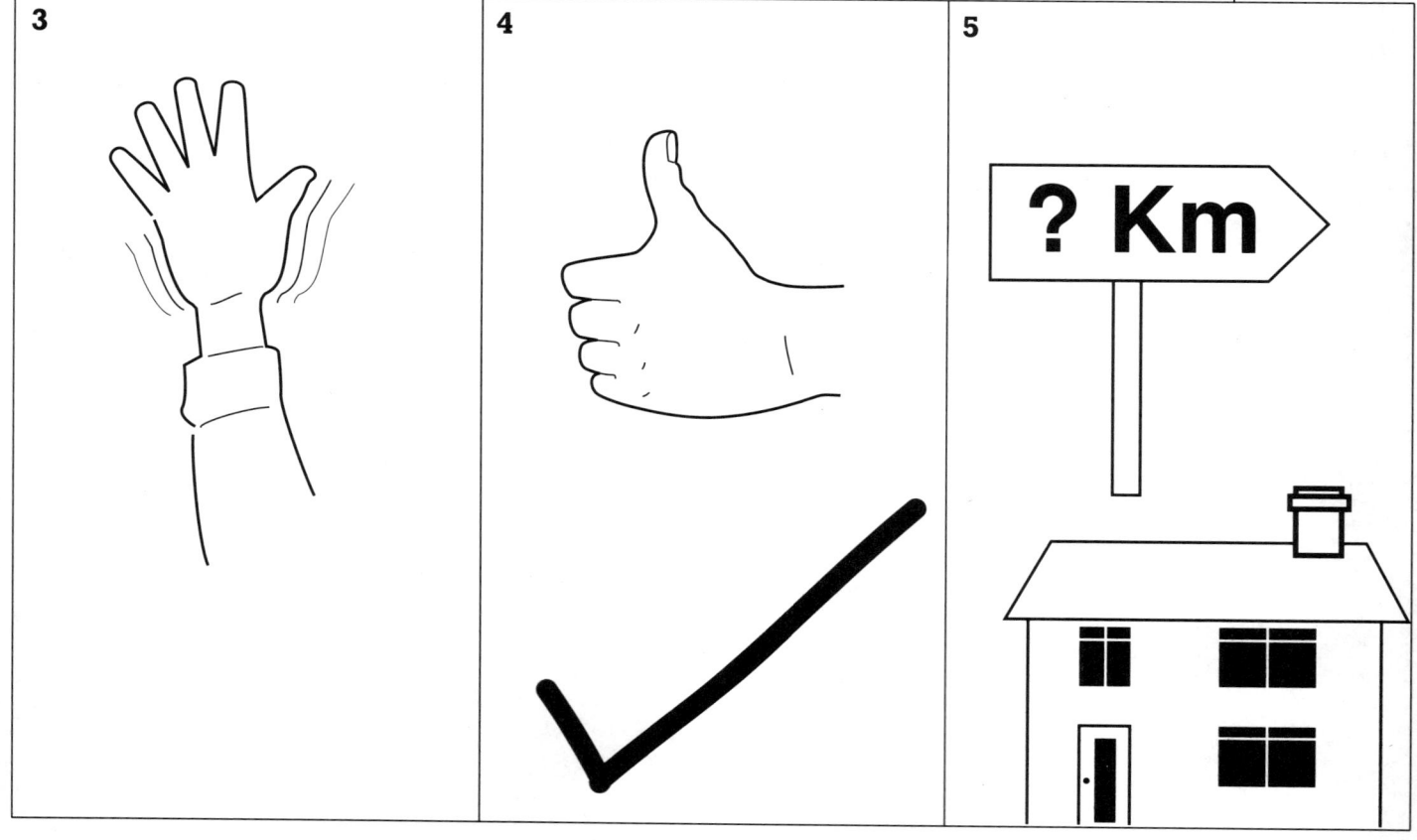

1. 11.00 – 12.30 – 16.00 ?
2. (handshake) Où ?
3. (waving hand)
4. (thumbs up) ✓
5. ? Km (house)

LE MONDE INTERNATIONAL

«Pays direct»

1 Lire et répondre

FRANCE TÉLÉCOM – «PAYS DIRECT»

➤ Les régions de la France vous dévoileront de multiples splendeurs quel que soit votre itinéraire. Des grandes plages du Nord et de l'Atlantique aux petites criques méditérranéennes, nos rivages vous enchanteront.

➤ Des plus hauts sommets alpins et pyrénéens aux anciens volcans d'Auvergne, nos montagnes vous enivreront.

➤ A Paris vous voyagerez dans le temps, l'architecture futuriste se mêle aux sites historiques.

➤ La Cité des Sciences vous initiera aux technologies les plus avancées, alors que nos musées vous feront revivre les siècles passés.

➤ Alors, entraînés par nos rois, vous partirez pour Versailles ou pour les châteaux de la Loire.

➤ **Visitez, bougez, partout le service «Pays direct» de France Télécom sera là pour vous rapprocher de ceux que vous aimez.**

Read the France Télécom advert and write the names of the places where you would find …

a … the historic palaces of the Kings of France [2]
b … yourself travelling through time [1]
c … very high mountains [2]
d … large beaches [2]
e … little coves [1]
f … ancient volcanoes [1]

[9 points: 7/9]

2 Écrire

Your local town is about to twin with one in France. You are on work experience in your Town Hall. You are asked to write some publicity material about your region in French and this will be sent to the twin town. Use the France Télécom advert as a guide. (Write 110–120 words.)

LE MONDE INTERNATIONAL

Les Hôtels

1 Lire et répondre

Il y a plusieurs hôtels possibles pour votre séjour a Vendeuvre.

1. Hôtel Restaurant "LA CÔTE D'OR"
16, rue de la Côte d'Or / 101470 VENDEUVRE SUR BARSE
Tél.: 35.41.31.46
Situé à 500 m du Spectacle VINDOVERA
"La Côte d'Or" vous accueille et vous propose:
menus conseillés à 65 F, menus enfants à 35 F ou menus à la Carte.
• Chambres simples pour couple 120 F douche + WC (couloir)
• Chambres pour couple 160 F / TV, douche, WC
• Chambres 2 lits, 3 pers 200 F / TV, douche, WC
• Chambres 3 lits, 4 pers 220 F / TV, douche, WC
Petit déjeuner 20 F / Parking VL *à bientôt*…

2. Hôtel Restaurant "LE VAL MORET" **NN
RN 443 - 10110 MAGNANT / Sortie 22 Autoroute A5
Tél.: 35.29.85.12 - Fax: 35.29.70.81
entre Troyes et Chaumont A5
Nouvel établissement: Motel 30 ch. tout confort
Restaurant - Bar. Cadre campagnard
à 10 mn des Grands Lacs et des caves du Champagne.
Chambres de 180 F à 250 F - TV - Canal +
Repas de 60 F à 200 F.

3. Hôtel Restaurant "BARSÉQUANAIS"
Monsieur et Madame BONGARD
12, avenue Général Leclerc - 10110 BAR SUR SEINE
Tél.: 35.29.82.75 - Fax: 35.29.70.01
Situé au cœur du vignoble champenois
Grande salle de restaurant - terrasse ombragée
Repas de groupe - Menus gastronomiques
Spécialités régionales
28 chambres - TV - téléphone direct
Repas de 60 F à 170 F - Chambre à partir de 170 F
Pension à partir de 250 F / Parking assuré

4. hôtel Mercure - Hôtel Restaurant "LA CÔTE D'OR"
16, rue de la Côte d'Or / 101470 VENDEUVRE SUR BARSE
Tél.: 35.41.31.46
Situé à 500 m du Spectacle VINDOVERA
"La Côte d'Or" vous accueille et vous propose:
menus conseillés à 65 F, menus enfants à 35 F ou menus à la Carte.
• Chambres simples pour couple 120 F douche + WC (couloir)
• Chambres pour couple 160 F / TV, douche, WC
• Chambres 2 lits, 3 pers 200 F / TV, douche, WC

5. Traiteur "LA BERGERIE"
Route de Géraudot
Rouilly Sacey - 10220 PINEY
Tél.: 35.46.37.94 - Fax: 35.46.30.73
Organisation complète de Réception et Congrès
Réunions de Familles / Communions / Baptêmes / Repas d'affaires / Mariages / Séminaires / autres Banquets

6. Hôtel Restaurant "LE MOULIN DU LANDION" ***
10200 DOLANCOURT (11 km de Vendeuvre)
Tél.: 35.27.92.17 - Fax: 35.27.94.44
Cadre de verdure - Jardin - Piscines
Terrasses au bord de l'eau
16 chambres - bain - WC - TEL - Minibar
de 320 à 350 F
Restaurant de 95 F à 300 F
1/2 pension à partir de 330 F

Quel(s) hôtel(s)…

1 … est assez nouveau? [1]

2 … ont une piscine? [2]

3 … est au centre de cette région de vins? [1]

4 … offre des tarifs spéciaux pour les repas d'enfants? [1]

5 … se trouvent en pleine campagne? [2]

[7 points: 5/7]

2 Lire et répondre

La directrice du syndicat d'initiative a reçu la lettre ci-dessous. Lisez la lettre et regardez encore une fois les infos ci-dessus.

Madame, Monsieur,

J'espère revenir à Vendeuvre avec ma famille pendant la première quinzaine du mois d'août. L'année dernière nous y avons fait un séjour agréable, mais il y a eu quelques petits problèmes. L'hôtel où nous sommes descendus était trop bruyant. Ce qu'il nous faut, c'est un hôtel tranquille et pas trop grand, où on mange bien, car nous apprécions beaucoup la cuisine française! Quant au prix des chambres, nous ne voulons pas dépenser plus de 300 FF par jour. Pouvez-vous nous proposer un hôtel convenable?

Je vous prie d'agréer, Madame, Monsieur, l'expression de mes sentiments respectueux.

Quel hôtel va-t-elle recommander? Pour quelles raisons?

[5 points: 3/5]

LE MONDE INTERNATIONAL

3 Parler: Jeu de rôle

You are phoning the *Côte d'Or* Hotel to book a room for a weekend in Vendeuvre. Use the following prompts and the recording on the cassette to carry out the conversation. Start the cassette when you are ready – the hotel receptionist speaks first.

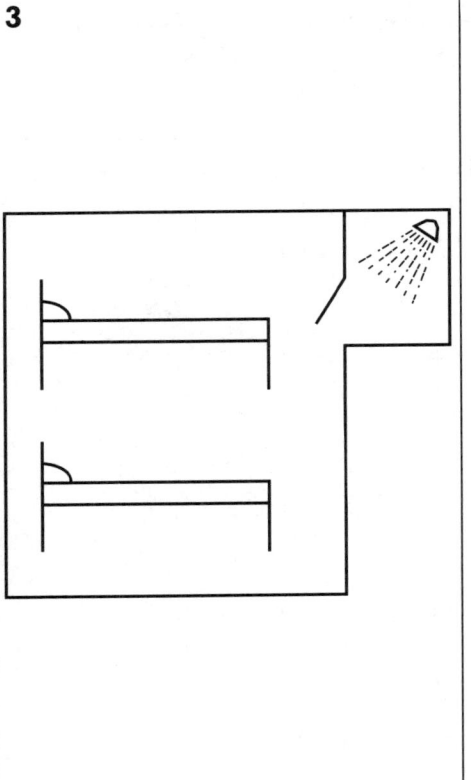

© IT IS ILLEGAL TO PHOTOCOPY THIS PAGE

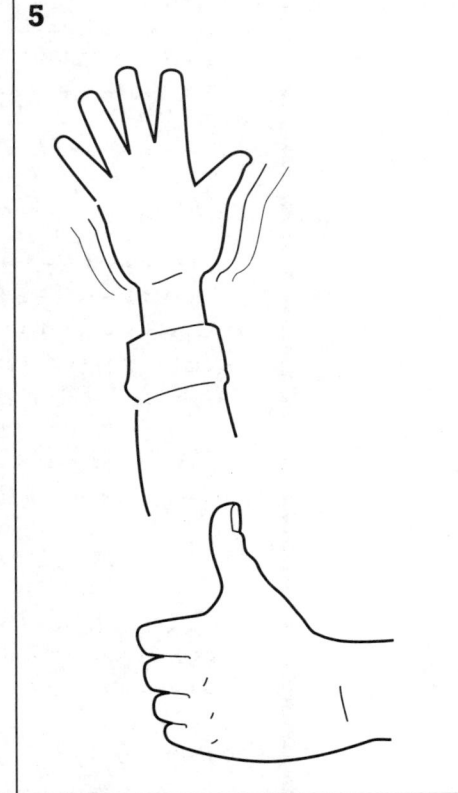

LE MONDE INTERNATIONAL

La Lettre de M. et Mme Cauchi-Martin

1 Lire et répondre

M. et Mme Cauchi-Martin
13, rue Ax-les-Thermes
45.160 Ouvet

le 25 août,
A M. le directeur de l'hôtel "Belview",

Monsieur,

Nous revenons d'un séjour d'une semaine organisé par l'agence "Breaks Anglais" dans votre hôtel "Belview". Je viens par la présente énoncer un certain nombre de problèmes rencontrés durant notre séjour.

Nous devions disposer pour notre famille, composée de quatre personnes, d'un logement avec cuisine intégrée. A notre grand étonnement, nous avons constaté à l'arrivée que notre logement n'avait que trois lits d'une personne. Nos enfants étant âgés respectivement de 12 et 6 ans, le plus jeune a été obligé de dormir sur des coussins par terre. Quand nous l'avons fait remarquer à la serveuse, elle s'est montrée fort impolie. Mon fils a dû attendre 3 jours avant d'avoir un lit convenable.

Par ailleurs, je tiens à vous signaler que les lits n'étaient pas faits chaque jour et que le linge (draps et serviettes de toilette) était d'une propreté douteuse. Durant les 7 jours, la douche n'a fonctionné que 3 jours.

La kitchenette minuscule ne nous permettait pas de faire un petit-déjeuner avec toasts et œufs au bacon sans risquer la catastrophe.

Enfin, en ce qui concerne le prix des repas (il s'agissait d'un buffet qui n'a pas varié pendant la semaine), il était exorbitant !

Je vous demande à ce jour un dédommagement à la hauteur des désagréments dont nous avons souffert. Nous accepterons soit un remboursement de la totalité du séjour, soit un remplacement du séjour par un autre sur la côte anglaise dans un hôtel d'une meilleure qualité.

Dans l'attente d'une réponse favorable de votre part, je vous demande de comprendre notre indignation.

Pierre-Yves et Jeannette Cauchi-Martin

Copie de cette lettre à l'agence "Breaks Anglais" et au guide Michelin qui va certainement venir vérifier l'amélioration des services et prestations de votre établissement.

P.-Y. C.M., Chevalier (Palmes Académiques).

LE MONDE INTERNATIONAL

You have come to stay with your aunt and uncle who have just taken over the running of a seaside hotel. They are particularly pleased to see you since they have need of your French skills. They have received a letter of complaint from a M. and Mme Cauchi-Martin, who stayed at the hotel just before your relatives took charge of it.

Read the letter on page 106 and make notes under the headings below to help your aunt and uncle understand the complaints.

a	Kind of accommodation requested	[2]
b	Problems with the room	[4]
c	Problems with the bedding	[2]
d	Problems with the shower	[1]
e	What do they say about the kitchen?	[2]
f	Problems with the meals	[2]
g	What are they asking for?	[3]
h	What do they say about copies of their letter?	[3]

[19 points: 13/19]

2 Écrire

Write a letter (100–130 words) from your aunt and uncle to M. and Mme Cauchi-Martin explaining the following points:

- the old hotel manager has left
- you have only been at the hotel for a week
- M. and Mme Cauchi-Martin's booking was for a room for three persons
- the bedding was changed every day
- they are right about the price of the meals and the poor buffet
- you cannot offer a total refund or replacement holiday but 'Breaks Anglais' will give a 20% refund.

LE MONDE INTERNATIONAL

Description des vacances

1 Écouter et répondre

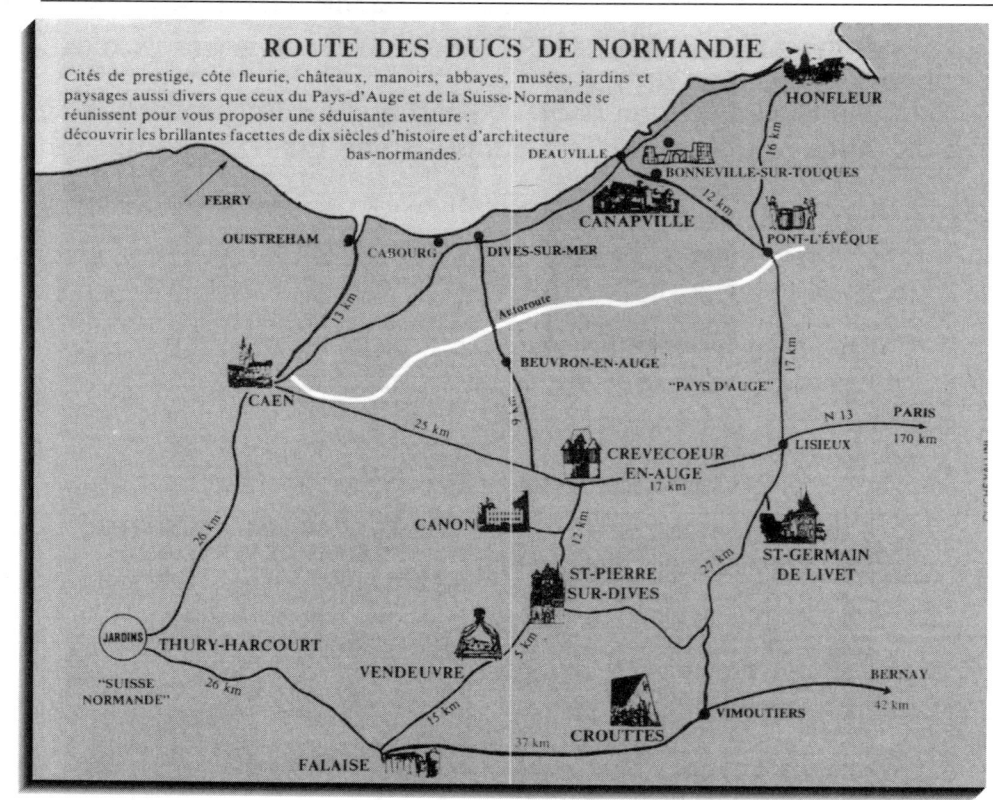

ROUTE DES DUCS DE NORMANDIE

Cités de prestige, côte fleurie, châteaux, manoirs, abbayes, musées, jardins et paysages aussi divers que ceux du Pays-d'Auge et de la Suisse-Normande se réunissent pour vous proposer une séduisante aventure : découvrir les brillantes facettes de dix siècles d'histoire et d'architecture bas-normandes.

Claire parle avec Fred de ses vacances en Normandie. Elle a visité quatre villes. Écrivez les détails dans la grille.

	Ville	Attraction	Aimé	Pas aimé	Comme ci, comme ça
a					
b					
c					
d					

a [3]
b [2]
c [3]
d [4]

[12 points: 8/12]

2 Écrire/Parler

Use expressions from Claire and Fred's conversation to help you put together a short description (30 seconds) of your own actual or imaginary holiday in a French-speaking country. Record the description on cassette.

«Pendant mes vacances...» «J'ai suivi un peu...» «J'ai bien aimé...»

«Comme excursions...»

«J'ai visité tout d'abord...» «Ce que je n'ai pas aimé c'était...»

«...ne me disent rien» «plein de choses»

LE MONDE INTERNATIONAL

Autoroute

1 Écouter et répondre

Écoutez sur cassette les infos routières.

Écrivez en chiffres les numéros qui manquent sur la page.

> CET ÉTÉ ON VOUS OFFRE UN IMPORTANT PROGRAMME D'ANIMATIONS ET D'ACTIVITÉS SPORTIVES ET CULTURELLES.
>
> Oui, ces animations, mises en place pour certaines d'entre elles depuis quelques années, sont programmées les jours de grands départs sur les autoroutes suivantes:
>
> [a] A .... (dans les deux sens),
>
> [b] A .... (sens Toul-Beaune), [c] A .... (sens Mulhouse-Beaune), et [d] A .... (Mâcon-Genève dans les deux sens). Clowns, musiciens, magiciens, groupes folkloriques, centres d'accueil, etc. sont aux rendez-vous, et chaque aire bénéficiant d'une animation est signalée par «André le Clown», notre mascotte. Bon, vous avez quelques détails, Henri?
>
> Ah oui, d'abord.
> *A6 sens Paris-Lyon, Péage de Fleury:* Station automatique de gonflage et d'équilibrage et centre d'accueil.
>
> *Aire de Nemours:*
> Test de la vue.
>
> *Aire de Liard:*
> «Voyage sur la lune» - les enfants peuvent se transformer en cosmonautes. Des clowns les accompagnent dans leur «voyage interstellaire».
>
> [e–j] .... juillet et le [k] .... août, de [l] .... à [m] .... heures.

[13 points: 9/13]

LE MONDE INTERNATIONAL

2 Parler

You have been travelling through France by car and you have stopped for a break at several of the service areas (aires) mentioned on page 109.

Prepare and record on tape an account of your various stops, using the following prompts to help you.

Je me suis arrêté(e) à...		regarder le(s)...
Nous nous sommes arrêté(e)s à...	pour	écouter le(s)...
J'ai fait halte à...		photographier le(s)...
Nous avons fait halte à...		pique-niquer et...
J'ai fait pause à...	parce que	faire un pique-nique et...
Nous avons fait pause à...		le/la/les... nous intéressai(en)t

Modèle: *En descendant nous nous sommes arrêtés à l'aire de Venoy pour écouter le jazz; puis, à l'aire de la Couée, nous avons fait halte pour regarder les clowns, Mick et Mousse. C'était super!*
En remontant nous avons fait pause pour pique-niquer à l'aire du Rossignol et nous avons écouté des extraits du Festival de musique.

LE MONDE INTERNATIONAL

Fatigue – les Point•Relaxe

1 Lire et répondre

Lisez l'article.

Les Point•Relaxe pour effacer la fatigue

La chaleur, la tension nerveuse liée à la circulation et le fait de parcourir de longs trajets contribuent grandement à accentuer la fatigue au volant. La fatigue entraîne souvent l'assoupissement et on estime qu'il est à l'origine de 13% des accidents sur les autoroutes. D'où quelques règles élémentaires à respecter, la première d'entre elles étant de ne jamais rouler plus de deux heures ou plus de 200 kilomètres sans s'arrêter et se relaxer. C'est pour vous aider à repartir en forme que la Société des Autoroutes a implanté des Point•Relaxe sur de nombreuses aires. Ils comportent un banc de gymnastique et un panneau expliquant les mouvements simples à effectuer pour se détendre et reprendre la route en forme.

Cette année la Société innove également en lançant l'opération «Pause Relaxe» avec Joël Savatofski, masseur-kinésithérapeute. Joël Savatofski a observé l'ensemble des contraintes et des difficultés que l'on peut souffrir au volant. Il a perfectionné une technique de massages antistress minute. ■

Voici une explication de l'article en bref. Il manque certains mots.
Pour chaque blanc indiquez **le numéro** du mot qui convient le mieux.

La tension, les longs trajets et la [a] .... sont trois choses

qui augmentent la fatigue quand on [b] .... Pour ne pas

[c] .... au volant, arrêtez-vous à une aire de repos après

un maximum de deux cents [d] .... ou deux

[e] .... de conduite. Là, vous trouverez peut-être un

Point•Relaxe qui va vous [f] .... à vous

[g] .... avant de reprendre la [h] ....

1 réveiller	4 froideur	7 chaleur	10 dormir
2 kilomètres	5 mille	8 route	11 conduit
3 aider	6 détendre	9 conduite	12 heures

[8 points: 7/8]

LE MONDE INTERNATIONAL

2 Parler: Jeu de rôle

You are on holiday in the North of France. You and your French friend are driving down to the Mediterranean.

Use the following prompts and the recording on the cassette to carry out a conversation about the «Point•Relaxe» facilities.

- Expliquez ce que c'est qu'un Point•Relaxe.
- Pourquoi on en a besoin?
- Faites la description d'un Point•Relaxe.

3 Écrire

Write a letter to a French friend on your return home from France, describing your journey back and the stops you made at the «Point•Relaxe» areas.

LE MONDE INTERNATIONAL

Attractions touristiques

1 Lire et répondre

1 Sur 80 hectares, découvrez plus de 800 animaux: mammifères, oiseaux, reptiles. Visite commentée par cassettes. Cafétéria. Aire de jeux.

2 Un des plus grands réseaux ferroviaires miniatures d'Europe, en plein air, 1.100m de voies, 30 trains. Ouvert sans interruption de 9h à 18h30, du 1er février au 30 novembre. Snack-bar et boutique sur place.
Prix spéciaux groupe. Fascicule pédagogique sur demande.

3 Dans un des sites les plus prestigieux du Vercors, partez à la découverte de 220 hectares d'eau à travers une nature sauvage et préservée, au riche passé historique.
Croisière commentée de 1h30.
Ouvert du 1er avril au 31 octobre.

4 Le premier fabricant français de nougat vous accueille. Venez visiter la Nougaterie, découvrir la recette du bon nougat et goûter les produits. Magasin de vente à prix «spéciaux usine» à l'intérieur des locaux.
Les visites s'effectuent sur rendez-vous par groupes de 10 personnes minimum: du lundi au jeudi: 8h à 14h30 - le vendredi: 8h à 12h.
Week-end sur rendez-vous et par groupes de 25 personnes minimum. Fermeture: mi-juillet à mi-août.

5 Tournon–Lamastre: 33 km en 2h (Pâques à Toussaint).
Le vrai train à vapeur centenaire dont vous avez rêvé.
Paysages magnifiques, gorges, arrêts-buffet, etc.

6 Un ensemble unique en Europe!

- Une vaste Grotte aux concrétions réputées, découvertes par un son et lumière.
- Un Musée du monde souterrain, qui rassemble les équipements authentiques des plus illustres spéléologues.
- Un Zoo préhistorique, premier du genre en France, qui présente sur 3 hectares de pleine nature des animaux préhistoriques dans leur taille réelle. Nouvelle sonorisation particulièrement impressionnante.
Ouvert de mars à novembre. Note pédagogique sur demande.

7 Une centrale ça se visite! Venez nous voir!

- Visite gratuite, sur rendez-vous uniquement.

Après une présentation avec films, vous visiterez l'intérieur de la salle des machines et l'extérieur de l'îlot nucléaire.
Réservation obligatoire en appelant le service des relations publiques qui aura le plaisir de vous accueillir.

LE MONDE INTERNATIONAL

a EDF: CENTRALE NUCLÉAIRE DU TRICASTIN

b AVEN MARZAL – «LE SITES ÉMOTIONS»

c SAFARI DE PEAUGRES

d BATEAU À ROUE ROYANS-VERCORS

e JARDIN FERROVIAIRE

f NOUGATERIE CHABERT & GUILLOT

g CHEMIN DE FER DU VIVARAIS

Lisez les descriptions des attractions dans la région et mettez-les avec leurs propres noms. Écrivez la bonne lettre.

Attraction	Lettre du nom
1	
2	
3	
4	
5	
6	
7	

[7 points: 5/7]

2 Lire et répondre

Lisez les descriptions à la page 113 et trouvez les excursions qui vont avec les phrases ci-dessous. Écrivez **le numéro** de la bonne description.

a On a fabriqué cette machine il y a cent ans. [1]

....

b Ces deux attractions encouragent la participation active des groupes scolaires. [2]

....

c Pour ces visites on vous offre un écouteur. [2]

....

d Pour ces deux visites une réservation est essentielle. [2]

....

[7 points: 5/7]

LE MONDE INTERNATIONAL

3 Écouter et répondre

Regardez les photos. Puis, écoutez les réceptionnistes qui donnent leur numéro de téléphone et remplissez la grille avec **le numéro** du photo de l'endroit où chaque réceptionniste se trouve.

a 75.33.00.32.

b 76.38.54.55.

c 75.00.82.00.

d 76.64.43.42.

e 78.28.83.34.

f 74.04.12.45.

g 75.50.37.10

	Réceptionniste	Endroit où elle se trouve
Exemple	1	d
	2	
	3	
	4	
	5	
	6	
	7	

[6 points: 4/6]

LE MONDE INTERNATIONAL

4 Écouter et répondre

Regardez les photos à la page 115. Puis, écoutez les conversations.

Complétez la grille avec le numéro de l'excursion recommandée pour chaque touriste.

	Touriste	Numéro de l'excursion
	a	
	b	
Exemple	c	4 (Bateau à roue)
	d	
	e	
	f	
	g	

[6 points: 5/6]

LE MONDE INTERNATIONAL

5 Lire et répondre

Lisez l'extrait d'une lettre d'un jeune habitant de Montélimar. Corrigez les erreurs dans les détails. Vous aurez besoin des détails à la page 113.

> Morag, j'ai hâte de te voir au mois de décembre ! Si tu t'intéresses aux animaux, il y a le safari de Peaugres, où il y en a des milliers sur plus de 100 hectares. Nous pourrons visiter aussi le jardin ferroviaire et faire un voyage sur le bateau à roue à Royan-Vercors. Il y a aussi le chemin de fer du Vivarais, mais je crois qu'il est fermé jusqu'au mois de février.
>
> Même plus intéressant, je sais que tu es spéléologue et il y a la possibilité de faire un peu de ça au "Site Emotions" à Aven Marzal ! Sur un autre plan, tu m'as dit que tu es un peu gourmande ! Alors on peut faire la visite d'une nougaterie célèbre avec deux ou trois copains. Qu'est-ce que tu en penses ?

On dit dans la lettre...	Version correcte/problème
1	
2	
3	
4	
5	
6	
7	

[7 points: 5/7]

LE MONDE INTERNATIONAL

6 Écrire

Read the following postcard from a French friend.

Cher Dan,

Tu vas aimer notre région ! Il y a la possibilité de faire des visites comme le parc d'attractions à Saint-Aubin-les-Brèches. Il y a des animaux sauvages ! On peut aussi visiter une centrale nucléaire, si tu veux. Il y a aussi une nougaterie à visiter. On peut goûter les produits ! Écris-moi vite !
Amitiés,
Corinne.

Write a reply in French suggesting various places you will go to when your friend comes to visit you.

LE MONDE INTERNATIONAL

Consignes de sécurité

1 Lire et répondre

Vous visitez le Parc Safari de Peaugres pour voir les animaux sauvages en liberté. On vous donne ce dépliant qui explique les consignes de sécurité.

CONSIGNES DE SÉCURITÉ

■1■
Les enfants doivent être accompagnés par un adulte autre que le conducteur.

■2■
Les enfants ne doivent à aucun moment rester seuls sur la banquette arrière.

■3■
Aucun animal domestique ne doit rester dans le véhicule.

■4■
En aucun cas les vitres du véhicule ne doivent être baissées.

■5■
Personne ne doit sortir du véhicule. En cas d'ennuis mécaniques le conducteur doit faire usage de son avertisseur et attendre, à l'intérieur de son véhicule, la voiture de surveillance.

■6■
Aucune nourriture ne peut être donnée aux animaux.

■7■
Aucun projectile ne doit être lancé.

■8■
Il est formellement interdit d'introduire des armes, des produits ou des instruments sonores.

■9■
Il est interdit d'ouvrir les toits ouvrants.

Faites correspondre les phrases avec les numéros des consignes.

Slogans	Numéro de la consigne
a Il est défendu de donner à manger aux bêtes.	
b Il est interdit de jeter des objets.	
c Au moins deux personnes âgées de plus de 18 ans doivent être dans la voiture s'il y a des enfants.	
d Défense de faire du bruit.	
e La voiture doit être complètement fermée.	
f Le parc est interdit aux chiens.	
g Si vous tombez en panne, klaxonnez!	

[2]

[8 points: 5/8]

LE MONDE INTERNATIONAL

On recherche des gens perdus

1 Lire et répondre

Lisez les lettres.

a

Aimerais avoir des nouvelles de mon ex-mari, Pierre Laclos, mariage 1942, divorce 1948; je suis très malade et désirerais le revoir avant la fin.
Mme Alice Florentin

b

Où se trouve mon demi-frère René Bazin, né en 1934 à Paris 18e, perdu de vue depuis environ trente ans?
M. André Michel

c

Prisonnnier en 1940 et transporté à l'hôpital d'Amiens, j'ai pu m'évader avec deux camarades, Delacroix et Bourzac, grâce à deux soeurs qui nous ont procuré des vêtements, deux vélos et un abri pendant le couvre-feu. L'une d'elles, Pauline Zaborowsky, habitait route de Flesselles à Amiens. J'aimerais lui dire le grand merci que je lui dois.
M. Marcel Funck

d

Je recherche cinq prisonniers que j'ai fait passer en février 1941 sur des dragues entre Novéant-sur-Modelle et Pagny, en Meurthe-et-Moselle. Je cherche aussi le passeur que j'ai connu en 1944-45 en Ariège, à Aulus-les-Bains.
M. Jean-Charles François

e

Comment retrouver la photo de Paul Barnier, décédé en 1951 et qui a fait son service militaire à Marseille vers les années 1929-1930?
Mme Rose Fayolle

f

Serais heureuse de connaître la famille de mon père Raymond Douget, né en 1923 à Montoire-de-Bretagne, décédé à 35 ans à Lunéville. Mon père avait une soeur, Christine, mariée à Paul Boulanger et, je crois, un frère, Philippe.
Mme Gouriou, née Chantal Douget

LE MONDE INTERNATIONAL

Voici des sections des réponses aux six lettres. Faites correspondre les lettres et les réponses.

1 Je connais un homme avec le même nom que votre frère et je sais qu'il a vécu dans la capitale jusqu'à l'âge de vingt ou vingt-deux ans. Il a maintenant cinquante-deux ans.

2 Mon père, qui est décédé l'année dernière, a été photographié dans la ville dont vous parlez pendant les années 20 et 30. J'ai tout ce qui reste du matériel de son magasin dans mon garage. Puisque vous habitez tout près, voulez-vous venir chercher dans les boîtes?

3 C'est moi-même et parce que tu es dans un état sérieux, je viendrai te voir à la clinique le plus vite possible.

4 J'étais jeune soldat à l'époque et quelqu'un m'a aidé à m'échapper à l'armée allemande tout près de la petite ville que vous mentionnez.

5 Hélas, ma soeur est morte, mais votre gentille lettre lui aurait fait énormément plaisir, comme à moi. Mais il n'est pas nécessaire de nous remercier. On a fait le maximum pour aider nos combattants courageux.

6 Je suis née en 1924, un an après mon frère, votre père. Mon autre frère, hélas, n'est plus.

Lettre	Réponse
a	
b	
c	
d	
e	
f	

[6 points: 4/6]

LE MONDE INTERNATIONAL

2 Lire et répondre

Look again at the letters and replies in Question 1 and answer the following questions in English.

a Why does Mme Florentin want to see M. Laclos? [2]

....

b How long did their marriage last? [1]

....

c What are the names of the prisoners who escaped from the hospital? [3]

....

d Which side did M. François work for during the war? [1]

....

e Is Paul Barnier alive or dead? [1]

....

f In which year did Raymond Douget die? [1]

....

[9 points: 6/9]

LE MONDE INTERNATIONAL

3 Écouter et répondre

Écoutez ces extraits de conversations avec les gens qui ont répondu aux lettres.

Faites correspondre les lettres à la page 120 et les extraits.

	Conversation	Lettre
Exemple	1	c
	2	
	3	
	4	
	5	

[4 points: 4/4]

4 Lire/Parler: Jeu de rôle

Read the following letter from Benoît Müller.

> Recherche anciens prisonniers de guerre du camp de Maslfeld-Ostheim (près de Kassel) ayant connu Arnold Kurten, commandant de ce camp entre 1943 et 1944. Quelques noms dans ces souvenirs et dont l'orthographe n'est pas toujours correcte: Jean Kervoelen, Jean Labille,
> E. Benedetti (Marseille-Sainte-Marguerite), Maurice Logerie (Lisieux), Auguste Mestre (Le Puy – homme de confiance, camp 420), Roger Alloyer (professeur).
>
> **M. BENOÎT MÜLLER, RHÔNE.**

Imagine that you are Benoît Müller and you are to be interviewed for local radio. Look carefully at the points you need to discuss, then start the cassette. Answer the interviewer's questions.

- recherche des ex-prisonniers de guerre
- l'identité d'Arnold Kürten
- les dates dans la lettre
- le métier de Roger Alloyer
- la raison pour laquelle vous les recherchez (selon vous)

Transcripts, Answers and Extra tasks for assessment

TRANSCRIPTS FOR LISTENING AND SPEAKING (ROLE-PLAY TASKS)

A La Vie de tous les jours

Pierre parle de son école

1 Écouter et répondre

Daniel Alors, Pierre, qu'est-ce que tu penses de ton école?
Pierre C'est très grand, trop grand pour moi. Tu n'es qu'un nom sur une liste.
Daniel Est-ce que tu dois porter un uniforme?
Pierre Non, non. On porte ce qu'on veut. C'est plus cool.
Daniel Est-ce qu'il y a des règles scolaires que tu n'aimes pas?
Pierre Oui, il est défendu de porter des boucles d'oreille à l'école. Et il est interdit de fumer en classe ou à l'intérieur du bâtiment.
Daniel Et ta journée scolaire, je veux dire ton emploi du temps, tu commences à quelle heure?
Pierre Alors, j'ai cours à partir de 8h tous les jours, sauf le mercredi. Le mercredi je suis libre jusqu'à 10h. Mais j'ai quand même beaucoup de classes, avec trois heures de cours tous les après-midi.
Daniel Quelle est ta matière préférée?
Pierre Ça, c'est facile. C'est l'anglais. Mon prof., M. Leblanc, il est très, très amusant. Il nous fait rire. Mais on apprend quand même beaucoup, beaucoup. Par contre, les cours de sciences naturelles c'est casse-pieds, tous les vendredi de 3h à 5h.

L'Emploi du temps

1 Écouter et répondre

Sylvain Alors, lundi matin, c'est dur, dur. J'ai cours toute la matinée, sauf en deuxième heure. Ben, à 8h j'ai français avec Mme Leroi, c'est dans la salle A6. Puis après, entre 9h et 10h j'ai pas cours, je suis libre, quoi. Et puis il y a la récréation. Ça dure une demi-heure, 30 minutes, quoi. Ensuite, troisième cours, c'est sciences nat., biologie, quoi, dans la salle C4. C'est vraiment ennuyeux. Ben, pour terminer la matinée, c'est anglais, avec M. Le Hé dans B5.

Les Langues à l'école

1 Écouter et répondre

Marie Moi, je fais de l'espagnol depuis trois, non, quatre ans. C'est assez facile – notre prof. est très sympa.
Jean-Luc Moi, j'apprends l'anglais. J'ai commencé, oh, il y a huit ans, à l'école primaire. Pour parler, ça va, mais pour écrire, c'est plus difficile.
Elvire Ben, j'ai commencé à étudier l'allemand il y a trois ans quand j'avais douze ans, mais après trois ans j'ai laissé tomber. C'était trop difficile.

TRANSCRIPTS

Les Règles de l'école

1 **Parler: Jeu de rôle**

- Parlez-moi un peu des règles de votre école. Les cigarettes, par exemple, c'est permis?
- Et les vêtements – on peut porter ce qu'on veut?
- Et y a-t-il d'autres règles que tu n'aimes pas?
- Ah oui, c'est la même chose chez nous! Et quoi encore?

La Lettre de Dora

4 **Parler: Jeu de rôle**

- C'est quoi, ton problème?
- Et tes camarades de classe, est-ce qu'ils comprennent, eux?
- Qu'est-ce que tu as fait pour essayer de comprendre le travail?
- Et comment ça va maintenant?

La Rentrée

2 **Écouter et répondre**

Pierre, 16 ans Les vacances c'est génial, mais j'ai envie de retrouver ma bande, ma maison, mes habitudes, c'est pour ça que la rentrée n'est pas un problème pour moi.

Qui fait quoi à la maison?

1 **Écouter et répondre**

Exemple: Eric, mon frère aîné, il doit promener son chien. Il fait ça chaque soir. Il a beaucoup d'énergie, Eric, il aime beaucoup ça.

1 Chez nous, c'est surtout mes parents qui font les tâches ménagères. Ma mère lave la voiture tous les dimanche matin, ou presque. Elle est très fière de notre auto!
2 Et puis, il y a mon père qui fait des courses. Il fait ça une fois par semaine, le lundi, d'habitude.
3 Ma soeur prépare les repas, quelquefois. Elle a un talent pour ça, surtout pour les spaghetti à la bolognese et la tarte aux pommes.
4 Et moi, je passe l'aspirateur, deux, trois fois par semaine. J'aime pas ça, mais c'est vite fait.

2 **Parler: Jeu de rôle**

- Qu'est-ce que tu fais pour aider à la maison?
- Tu dois faire ça souvent?
- Tu dois faire autre chose?
- Et ton petit frère, lui aussi, il doit aider à la maison?

TRANSCRIPTS

On parle de la santé

1 Écouter et répondre

Georges — Moi, je fume, tous mes copains aussi. Ça ne fait pas de mal – on exagère les problèmes.

Edwige — Mes parents, ils fument beaucoup. Ils toussent tout le temps. Chez nous, je suis la seule personne qui ne fume pas.

Antoine — Quelquefois, le week-end, je prends un verre, plusieurs verres, même! Ça m'aide quand je suis stressé. Mais, surtout, ne dis rien à mes parents!

2 Parler: Jeu de rôle

- Tu veux une cigarette?
- En France presque tout le monde fume. A l'école aussi. Et en Angleterre?
- Ah, bon? Qu'est-ce qui se passe si vous n'obéissez pas aux règles?
- Et chez toi, on fume ou non?

Ouvert à tous les jeunes

2 Écouter et répondre

Sophie — Je viens de faire le stage théorique, 8 jours super, à monter des projets, à parler, à apprendre, à partager. J'ai découvert des méthodes pour être à l'aise avec les enfants...

Mossem — Cet été, je fais le stage pratique en montagne. On a monté un projet de varappe et d'escalade. Avec les copains et les jeunes, on sera une trentaine. ça sera fantastique.

Bertrand — Pour le stage de spécialisation, j'ai choisi la planche à voile. On était sur la côte, vers Porquerolles. Pédagogie le matin, planche l'après-midi, fête le soir. Avec ça, je n'hésiterai pas à faire un peu de planche sur un lac le week-end.

Brigitte parle de son père

1 Écouter et répondre

1. Il a trouvé incroyables les conseils qu'on lui a donnés.
2. On lui a proposé un régime, mais il a dit qu'il n'était pas gros.
3. Il a essayé de trouver une solution, mais a beaucoup souffert.
4. Ce qui était sur sa propre assiette ne lui suffisait jamais.

B Famille, copains, loisirs

Daniel parle de sa famille

1 Écouter et répondre

Alors, voilà ma famille. On fête l'anniversaire de mon frère, André. C'est lui qui est devant, avec les cheveux courts. A côté de moi, c'est ma mère, Léonore – elle a l'air très jeune, non? Et puis il y a ma soeur, Eloïse, qui porte le tricot long. Le barbu, aux cheveux longs, c'est Charlot; on l'appelle comme ça parce qu'il est amusant. Et puis il y a moi. Je suis le cadet de la famille – mais le plus grand!

Les Personnalités

1 Écouter et répondre

1 Alors moi, je n'aime pas trop sortir. Je trouve difficile de parler aux autres.
2 Je ne suis jamais en colère – même quand mon petit frère m'embête!
3 Je n'aime pas attendre. Si la personne n'arrive pas à l'heure, je m'en vais!
4 Je me rappelle, une fois un garçon a pris mon ballon pendant que je jouais avec mon frère. J'ai couru après lui et je l'ai frappé.
5 Ah, le week-end, les boums! J'adore ça, les copains, la musique. C'est génial!

La Rencontre

4 Parler: Jeu de rôle

- Bon, tu m'as dit que tu as rencontré quelqu'un pendant les vacances en France. Où est-ce que tu l'as rencontré?
- Décris-moi un peu son apparence physique.
- Où êtes-vous allés ensemble? Vous avez parlé de quoi?
- Tu es toujours en contact avec lui?

Qu'est-ce que vous aimez regarder?

1 Écouter et répondre

1 Quand je vais au cinéma, j'aime avoir peur, quelquefois.
2 Bon, les vieilles chansons, j'aime ça.
3 J'aime savoir ce qui se passe dans le monde, la politique, le sport, etc.
4 Moi, j'aime les programmes où on pose des questions de culture générale.
5 Les gens qui chantent, les gens qui dansent. Un peu de tout, j'aime ça.
6 Les animaux sauvages, les espèces en danger, il n'y a rien de plus passionnant.

TRANSCRIPTS

3 Parler: Jeu de rôle

- Alors, qu'est-ce que vous voulez faire ce soir?
- Bon, d'accord. A quelle heure est-ce que ça commence?
- Bien, on va manger quelque chose d'abord?
- Et on a rendez-vous à quelle heure?
- Bon, à ce soir. Salut!

Les Super Héros

1 Écouter et répondre

1. C'est une organisation d'origine extraterrestre. Son nom vient de l'américain «Covert Action Teams». Leur mission, c'est de sauver la terre.
2. Trois jeunes animaux vivent tranquillement dans la nature. Un jour, à la suite d'un accident de camion, un gaz toxique empoisonne leur amie. Les animaux se mettent en route ensemble pour chercher un remède.
3. A cause de la radioactivité, ils ont des capacités incroyables. Ils peuvent changer le vent et la pluie, et communiquer entre eux sans parler. Le reste de l'humanité les déteste.
4. Un jeune animal désobéit à son père, qui lui a dit de rester à la maison. Quand le père lui dit de rentrer, le petit se perd dans la forêt...
5. D'habitude, il est comme toi et moi – tout à fait normal. Mais, quand l'ennemi se présente, il met un costume qui résiste à toutes les armes. Il est, tout simplement, invincible!
6. Quelle famille! Le mari a le corps élastique. Sa femme peut se rendre invisible. Le beau-frère peut s'enflammer. Et le dernier membre de la famille est, tout simplement, l'être humain le plus fort sur la terre!

Opinions sur le sport

1 Écouter et répondre

Gaëlle Y'en a marre du foot! Un peu de temps en temps, ça va... Mais tous les jours, c'est beaucoup trop.

Germaine Oh, il y a beaucoup trop de sport à la télévision. D'ailleurs, je n'aime pas le sport et surtout le foot. Moi, ce que j'aime, c'est les chevaux, bien que je ne joue pas aux courses!

Michel Je suis un ancien sportif, j'adore le Tour de France. C'est juste ce qu'il me faut!

Frank Je trouve qu'il y a beaucoup trop de foot et pas assez de sports mécaniques. J'aimerais qu'il y ait du rallye, de l'auto-cross et du moto-cross. Je fais moi-même des courses régionales d'auto-cross, alors forcément!

L'École d'équitation

1 Écouter et répondre

Faire du cheval, c'est formidable – mais ça coûte cher, n'est-ce pas? Mais non! Au Club du Clos Guillot vous pouvez louer cheval ou poney, pour une demi-heure ou pour deux heures. Et ce n'est pas cher, non plus! Tarif spécial vacances: 24 francs heure cheval, 16 francs heure poney. Pour tous renseignements téléphonez au 31.82.57.21.

TRANSCRIPTS

Publicité B.D.

1 Écouter et répondre

Amis des bandes dessinées, écoutez! Pendant tout le week-end, on vous présente une grande fête de la B.D. Venez à Quimperlé samedi, à partir de 13h jusqu'à 15h, et le lendemain, dimanche, de 11h jusqu'à midi. Trouvez-nous 30, rue Savary, au rez-de-chaussée. Vous aurez le choix entre plus de 2.000 B.D. Et si vous n'aimez pas Astérix et Tintin, il y a aussi un rayon aventure et science-fiction. Venez tous!

Les Chansons de Francis Cabrel

3 Écouter et répondre

Albert Alors, Stéphanie, le concert de Cabrel, hier soir, c'était bien?

Stéphanie Oh, c'était super, absolument formidable. J'ai tous ses disques, tu sais, mais c'était la première fois que je le voyais sur scène.

Albert Ça a duré combien de temps, le concert?

Stéphanie Oh, deux heures, deux heures et demie, je crois. Je n'ai pas regardé ma montre. Et il a chanté sans arrêt, sauf pour prendre un verre d'eau. Il a complètement captivé la salle, même quand il a chanté en espagnol.

Albert En espagnol? Tu as compris ce qu'il chantait? Je savais pas que tu comprenais l'espagnol.

Stéphanie Tu as raison – pas un mot. Enfin, je comprends «si», «no», «amor», les mots importants pour les chansons, quoi! C'est une langue très, très romantique, l'espagnol, tu trouves pas? Surtout quand on le chante.

Albert Oh, l'espagnol, je...

Stéphanie Et à la fin du concert, tout le monde s'est mis debout pour l'applaudir. On chantait Fran-cis, Fran-cis, c'était comme au match de foot! Il a été visiblement touché.

Albert Tu as essayé de le voir, après?

Stéphanie Penses-tu! Il y avait des centaines de filles, des centaines je t'assure, qui criaient, qui pleuraient devant l'entrée. J'ai attendu cinq, dix minutes, puis je suis rentrée.

C Le Monde où nous vivons

Une visite en Bretagne

1 Écouter et répondre

a Bon, d'abord on nous a demandé de former un grand cercle devant le bâtiment. Quand on se tient la main, on a plus de confiance.
b Puis les deux musiciens sont entrés dans le bâtiment, en jouant de la musique normande. Nous, on a suivi derrière, deux par deux.
c On s'est assis sur le plancher et on a écouté attentivement.
d Puis nous nous sommes relevés et nous avons fait à nouveau un cercle. Au milieu, il y avait des animateurs qui nous ont montré les pas de la danse bretonne.
e Enfin c'était notre tour à nous! Une des profs a choisi un des garçons et mon corres, Daniel, a dansé avec Nathalie. Je pense qu'il était très gêné!

Le Plan de Courseulles

2 Écouter et répondre

Exemple: Excusez-moi. Je viens de travailler dans le port. Où est-ce que je peux me laver?
a Pardon, je cherche un emplacement pour une nuit seulement.
b Je voudrais apprendre à faire de la voile.
c Je crois que j'ai vu quelqu'un avec de la drogue en contrebande.
d Je viens de changer l'huile dans mon bateau. Où est-ce que je peux mettre ce bidon d'huile usée?
e Regardez, il y a un incendie sur le quai!
f Où sont les gens qui organisent la régate pour la semaine prochaine?

3 Parler: Jeu de rôle

- Vous tournez à gauche après l'épicerie, puis à droite au bout de la rue. C'est juste avant la jetée.
- Bien sûr. Vous arrivez à l'épicerie, puis vous tournez à gauche. Vous allez au bout de la rue et vous tournez à droite. C'est tout près de la jetée.
- Non, à deux minutes d'ici.
- Je ne suis pas sûre, mais je crois que c'est gratuit.

Honfleur

2 Parler: Jeu de rôle

- Excusez-moi.
- Je voudrais visiter Caen. C'est loin d'ici?
- J'ai ma voiture dans le parking. Je prends quelle route pour aller à Caen?
- Merci. Vous êtes très gentil.

TRANSCRIPTS

Les Courses

1 **Écouter et répondre**

Allô, Sam, ici la mère de Claude. Puisque Claude n'est pas là, pourrais-tu aller me chercher les articles suivants au supermarché? Tu trouveras l'argent dans le tiroir de la table dans la cuisine. Voilà la liste et merci beaucoup!
Un litre de lait
Des gâteaux au chocolat, un lot de 2 paquets
Un kilo de saucisses
600 grammes de saucisson
Un lot de 6 bouteilles d'eau minérale
Un pain de campagne
2 kg de tomates, les petites, pas les grandes.

Quelques produits français

3 **Parler: Jeu de rôle**

- Qu'est-ce que tu veux acheter?
- Le rayon vins est là-bas. Tu veux autre chose?
- Tu as assez d'argent pour tout ça?
- Je peux te prêter de l'argent, si tu veux.

Publicité

2 **Parler: Jeu de rôle**

- Oui, qu'est-ce que je peux vous servir?
- Certainement... voilà le menu... Je vous apporte...?
- Et à boire?
- Ça vous a plu?
- D'accord!

La Pollution dans le port

2 **Parler: Jeu de rôle**

- Je vais jeter ces cartons dans l'eau!
- Mais, où est-ce que je peux les mettre?
- Tu crois? L'huile usagée, aussi?
- Et où sont-ils alors?
- Oh, tu sais, pour toi, la pollution, c'est une obsession!

Quelques idées pour aménager la maison

4 *Écouter et répondre*

Martine Où est-ce qu'on va commencer dans l'appartement, Patrick?
Patrick Pour moi, Martine, le plus urgent, c'est le gaz et la cuisinière. On enlève les boutons et on coupe le gaz directement.
Martine D'accord. Et avec ça la porte d'entrée. Ça m'inquiète. Il faut un système de sécurité.
Patrick OK, plus une barrière de sécurité sur l'escalier.
Martine Oui, bien sûr. Mais je pense aussi qu'il faut enlever tous les petits tapis et la descente de lit. Qu'est-ce que tu en penses?
Patrick Tu me connais, je suis d'accord pour tout, également pour une veilleuse de nuit dans le couloir et une autre près du lit.
Martine Et puis, il y a les choses dangereuses comme les cigarettes, les bouteilles d'eau de javel, les couteaux, etc.
Patrick Il faut en faire une liste écrite, hein?
Martine Ah oui, et tu peux bien l'écrire. Commençons avec une autre chose essentielle – des notices sur les portes importantes.
Patrick D'accord!

D Le Monde du travail

Magasin 2

1 Écouter et répondre

    a Pour les jeunes enfants, madame? Étage 2.
    b Vous voulez vous restaurer, monsieur? Rien de plus facile. Étage onze.
    c Pour votre frigo, mademoiselle, vous le trouverez au rez-de-chaussée.
    d Vous allez vous marier? – félicitations! 3ᵉ étage.
    e Si vous cherchez un sofa pour le living, il faut aller au 5ᵉ.
    f Pour voir le panorama, vous montez tout en haut, 11ᵉ étage. Accès par le 10ᵉ étage.
    g Madame, vous cherchez d'abord des vêtements ou du linge? Des vêtements, plutôt. Bon, vous trouverez ça au premier étage.
    h Des chemises pour votre mari? Allez au 2ᵉ étage.

2 Parler: Jeu de rôle

- Vous voulez quel étage?
- Il y a deux restaurants... 5ᵉ et 10ᵉ.
- Je les ai peut-être déjà vus. Décrivez-moi la famille.
- Ah, oui, je les ai vus au grill.
- C'est au 5ᵉ. Attendez. [pause] Voilà le 5ᵉ.
- De rien. Tout pour votre service.

Publicité Leclerc

1 Écouter et répondre

Mesdames, mesdemoiselles, messieurs, bonjour! Aujourd'hui, nous vous offrons des articles de rentrée à des prix super bas! Nous vous proposons...

    a un lot de 5 cahiers piqûre à 11f30
    b 2 pochettes à dessin à 9f50
    c des botillons Workmen à 59f90
    d un coffret compas à 14f90
    e un pull tunique tweed avec gilet à 79f50
    f un pantalon jodhpur à 59f50
    g un vélo tout-terrain à 949f00
    h un jean mixte à 49f00
    i un gilet manches longues carreaux à 55f00
    j un sweat uni à 35f00
    k des botillons dessus croûte de cuir vachette à 68f90.
    l boîte de 18 crayons de couleur, plus 13 feutres dont 1 fluo à 15f90.

En un mot, nous vous offrons tout pour la rentrée!
Avec Leclerc la rentrée, c'est plus sûr!

TRANSCRIPTS

3   Parler: Jeu de rôle

- On est là pour vous aider.
- Les échanger oui, mais contre quoi?
- Mais, oui. Pourquoi pas? Vous avez quelle pointure?
- Très bien. Alors, je vous donne ce ticket et vous allez au rayon des botillons, récupérer les autres botillons.
- Vous allez à la caisse, vous présentez ce ticket et les nouveaux botillons. Rien de plus facile.
- Je vous en prie. A votre service! Au revoir!

Un boulot au café

3   Parler: Jeu de rôle

Mme Chinon	Vous apprenez le français depuis combien de temps?
Mme Chinon	Vous êtes déjà allé(e) en France?
Mme Chinon	Ça, c'était quand?
Mme Chinon	C'était quelle région?
Mme Chinon	Où, exactement?
Mme Chinon	Ça s'est bien passé?
Mme Chinon	Dommage! Je vous plains!

Comment devenir journaliste

3   Parler: Jeu de rôle

- Bon, pour commencer, décrivez-moi un peu votre personnalité – pourquoi vous croyez que vous seriez un bon journaliste.
- Bien, et quels sont vos intérêts, qu'est-ce qui vous passionne?
- Et vous avez un peu d'expérience – vous avez écrit quelque chose, par exemple?
- Et pour l'avenir, quelles sont vos ambitions, vos rêves?
- Très bien, merci. On vous téléphonera.

Les Facteurs de France

4   Écouter et répondre

1. J'ai choisi Nantes parce que mon mari est originaire de la ville.
2. J'ai passé une année à l'université.
3. Je voudrais bien travailler en Normandie.
4. Je travaille avec Eric Jantrelle.
5. Je crois que j'ai peut-être deux ans à attendre.
6. Je faisais toutes sortes de petits jobs.

TRANSCRIPTS

5 **Parler: Jeu de rôle**

- Bien, dites-moi d'abord, quelles sont, à votre avis, les qualités personnelles d'un bon facteur?
- Est-ce que ça vous convient, ça vous plaît, de travailler en plein air, même sous la pluie?
- Et vous préférez travailler à la campagne, ou bien en ville?
- Et vous êtes en pleine forme, vous faites un peu de sport, peut-être?
- Bon, merci, on vous contactera.

Toi qui as perdu ton emploi

2 **Écouter et répondre**

- **a** Je prends des pilules parce que je suis déprimé.
- **b** Marie-France n'a pas remercié Jacques pour les fleurs. Jacques se sent peu apprécié.
- **c** Elle n'a pas de travail et elle mendie dans la rue.
- **d** Téléphonez au «Service Salut». On vous aidera.
- **e** Quand il est anxieux, il fume tout le temps.
- **f** Que fais-tu quand tu es triste?
- **g** Casses-tu la vaisselle quand tu es en colère?
- **h** Après une journée sans chocolat, je suis désespérée!

E Le Monde international

Le Tour de France des vacances

1 Écouter et répondre

Sandrine Bonjour! Je m'appelle Sandrine. Moi et mes trois amis, Charlot, Fred et Mimi, nous avons passé les grandes vacances dans quatre coins différents de France. Moi, j'ai passé mon temps entre Bordeaux et Bergerac, parce que mes parents adorent les vins de la région!

Charlot Salut! Moi, je suis Charlot. J'ai été sur la côte méditerranéenne. J'ai visité Cannes, Toulon, Marseille et Perpignan.

Mimi Et je suis Mimi! La famille et moi, nous avons passé le mois d'août à la montagne entre Besançon et Mulhouse. Nous sommes aussi passés voir des amis à Dijon. Ce n'était pas fameux – mon copain me manquait!

Fred Mon prénom, c'est Fred, ou bien Frédéric, comme vous voulez. Pour moi, c'était le Val de Loire. Je suis allé à Angers, puis Tours, et après ça, Nantes. Puis, nous sommes remontés chez nous par Paris. Je n'aime pas tellement la capitale!

Salut Bob

2 Écouter et répondre

1 Salut, Bob, ça fait trois semaines que je t'ai écrit. Tu as bien reçu ma lettre?
2 Bon, ça ne fait rien, mais dis-moi, est-ce que tu pourras venir en France?
3 Formidable! On va s'amuser. Il y a plein de choses qu'on pourra faire. On ne va pas s'ennuyer, tu vas voir.
4 Alors, pour tes parents, c'est d'accord?
5 Bon, écris-moi pour me faire savoir quand tu vas arriver. On viendra te chercher à Calais.
6 Bon, je dois te quitter maintenant. Donne le bonjour à tes parents. Salut!

4 Parler: Jeu de rôle

- Alors, tu arrives à Calais samedi, mais à quelle heure?
- Prends le premier.
- Tu passeras par la douane et nous serons là.
- Oh, non, à une cinquantaine de kilomètres. C'est vite fait. Dis-moi, tu pourrais m'apporter quelques magazines anglais?
- C'est gentil, merci. Allez, au revoir, à samedi.

TRANSCRIPTS

Les Hôtels

3 Parler: Jeu de rôle

- Allô, ici le 25.41.31.46.
- Oui, c'est l'Hôtel Côte d'Or. Je peux vous aider?
- Bon, et vous voulez une chambre à un lit, une chambre double... ?
- Attendez un moment, s'il vous plaît, je vais voir... Oui, ça va, nous avons une chambre avec douche. Votre nom, s'il vous plaît?
- Pour deux nuits, cette chambre... ça fait 260 francs.
- Très bien, merci, au revoir.

Description des vacances

1 Écouter et répondre

Fred Qu'est-ce que tu as fait pendant tes vacances en Normandie?
Claire J'ai suivi un peu la route des Ducs de Normandie.
Fred Qu'est-ce que ça veut dire? Où es-tu allée?
Claire J'ai visité tout d'abord Honfleur.
Fred Ça t'a plu?
Claire En effet! J'ai bien aimé le vieux port.
Fred À part Honfleur, tu es allée où?
Claire Je suis allée à Caen.
Fred Ça t'a plu aussi?
Claire Oui et non. Il pleuvait à torrents. Ce que je n'ai pas aimé c'était Thury-Harcourt. Tu sais, mes parents sont des jardiniers fanatiques et nous sommes allées à Thury-Harcourt uniquement pour les jardins. Les jardins ne me disent rien, je t'assure!
Fred Est-ce qu'il y a autre chose qui t'a vraiment intéressée?
Claire Ah, oui, mais bien sûr! Plein de choses... surtout le château et la tour à St Germain de Livet.

Autoroute

1 Écouter et répondre

Henri Cet été on vous offre un important programme d'animations et d'activités sportives et culturelles.
Lisa Oui, ces animations, mises en place pour certaines d'entre elles depuis quelques années, sont programmées les jours de grands départs sur les autoroutes suivantes: A6 (dans les deux sens), A31 (sens Toul–Beaune), A36 (sens Mulhouse–Beaune), et A140 (Mâcon–Genève dans les deux sens). Clowns, musiciens, magiciens, groupes folkloriques, centres d'accueil, etc. sont aux rendez-vous, et chaque aire bénéficiant d'une animation est signalée par «André le Clown», notre mascotte. Bon, vous avez quelques détails, Henri...
Henri Euh, oui, euh, d'abord, A6 sens Paris–Lyon, Péage de Fleury: station automatique de gonflage et d'équilibrage et centre d'accueil. À l'Aire de Nemours: test de la vue. À l'Aire de Liard, on a le «Voyage sur la lune» – les enfants peuvent se transformer en cosmonautes. Des clowns les accompagnent dans leur «voyage interstellaire». C'est le 9, 10, 23, 24, 30, 31 juillet et le 1er août, de 9 à 16 heures.

TRANSCRIPTS

Fatigue – Les Point•Relaxe

2　Parler: Jeu de rôle

- Qu'est-ce que c'est, un «Point•Relaxe»?
- Mais pour quelle raison?
- Mais qu'est-ce qu'il y a exactement à un «Point•Relaxe»?
- Ah, oui, c'est peut-être une bonne idée!

Attractions touristiques

3　Écouter et répondre

1. Ici le 76.64.43.42 à Royan-Vercors. Ne quittez pas.
2. Allô, ici le 75.50.37.10.
3. Allô, ici le 75.33.00.32. Comment je peux vous aider?
4. Vous appelez le 75.00.82.00. On répondra à votre appel dans quelques instants.
5. Ici le 75.04.12.54 – pardon, ici le 74.04.12.45.
6. Allô, le 76.38.54.55.
7. Vous avez le 78.28.83.34. Ne quittez pas.

4　Écouter et répondre

Touriste A　Puisque nous sommes dans la région, nous voudrions voir comment vous fabriquez votre célèbre nougat.

Employée　Notre nougat, oui, Monsieur, bien sûr. Voilà. Vous trouverez ici un fabricant de Montélimar.

Touriste B　J'ai un garçon ici qui adore les petits trains. On m'a dit qu'il y a un réseau de trains miniatures près d'ici.

Employée　En effet, voilà ce que vous cherchez. Un réseau fantastique en plein air.

Touriste C　Un autre touriste m'a recommandé un vieux bateau qui marche à la roue comme sur le Mississippi.

Employée　Mais oui. Le bateau que vous cherchez se trouve à La Sone. Voilà une petite brochure.

Touriste D　Je voudrais voir comment on fabrique l'énergie nucléaire en France.

Employée　Très bien. Voilà un petit dépliant sur Tricastin.

Touriste E　J'ai deux enfants qui sont de petits monstres et ils s'intéressent aux monstres préhistoriques. Je crois qu'il y a un parc d'attractions dans le coin où il y a des dinosaures et tout ça?

Employée　Bien sûr, vous pensez à Aven Marzal. Voilà une petite brochure sur notre propre Jurassic Park!

Touriste F　Mon mari est fanatique des vieux trains. J'ai bien l'impression qu'on peut voyager dans un train à vapeur dans le coin.

Employée　Oui, vous avez raison. Le service que vous cherchez se trouve à Tournon. C'est un chemin de fer fantastique!

Touriste G　Mon ami et moi voudrions voir des animaux sauvages en pleine nature, mais de grands animaux – des éléphants, des tigres et tout ça.

Employée　Nous avons juste ce qu'il vous faut à Peaugres. Il y a plein d'animaux de l'Afrique et de l'Inde.

TRANSCRIPTS

On recherche des gens perdus

3 Écouter et répondre

1 En 1940 je travaillais comme infirmière à l'hôpital. Il n'a pas été trop difficile de trouver des vêtements, etc. pour Marcel et ses amis.
2 Je ne sais pas pourquoi ça fait 30 ans sans nouvelles de moi. J'avais perdu l'adresse de mon demi-frère. Mais ce n'est pas vraiment une excuse!
3 J'ai été choqué quand j'ai vu mon ex-femme. Elle était vraiment malade. Elle est morte trois jours plus tard. Bien sûr j'ai des regrets.
4 J'ai été membre de la Résistance et j'ai fait passer des prisonniers en Ariège vers la fin de la guerre.
5 Je ne sais pas pourquoi la famille avait perdu contact avec lui. Mais, vous savez, Raymond avait un caractère assez difficile.

4 Parler: Jeu de rôle

- Qui est-ce que vous recherchez maintenant?
- Qui était Arnold Kürten?
- Entre quelles dates?
- Et qui était ce monsieur, Roger Alloyer?
- Pourquoi recherchez-vous ces gens?

ANSWERS TO LISTENING AND READING TASKS

A La Vie de tous les jours

Pierre parle de son école

1 Écouter et répondre

1 F   5 F
2 V   6 F
3 V   7 F
4 V   8 V

[8 points   6/8]

Résultat: ……… points

Mon prof

1 Lire et répondre

1 prof   4 cours
2 inutile   5 là
3 lycée   6 difficultés

[6 points: 4/6]

Résultat: ……… points

L'Emploi du temps

1 Écouter et répondre

a français   d C4
b A6   e anglais
c biologie   f B5

[6 points: 4/6]

Résultat: ……… points

Les Langues à l'école

1 Écouter et répondre

Marie	Jean-Luc	Elvire
Spanish	English	German
4 years	8 years	3 years
quite easy, nice teacher	speaking OK, harder to write	too hard

[9 points: 6/9]

Résultat: ……… points

La Lettre de Dora

1 Lire et répondre

1 gros   5 rien
2 dernière   6 pires
3 beaucoup   7 camarades
4 trimestre 8 peux.

[7 points: 5/7]

Résultat: ……… points

2 Lire et répondre

1 c   4 f
2 a   5 h
3 e

[5 points: 3/5]

Résultat: ……… points

ANSWERS TO LISTENING AND READING TASKS

La Rentrée

1 Lire et répondre

1. Thomas
2. Camille
3. Sylvain
4. Camille
5. Frédérica
6. Thomas

[6 points: 4/6]

Résultat: .... points

2 Écouter et répondre

1. beaucoup
2. après
3. veux
4. copains
5. triste

[5 points: 3/5]

Résultat: .... points

Qui fait quoi à la maison?

1 Écouter et répondre

Qui	Tâche	Quand	Raison/opinion
1 mère	lave la voiture	dimanche matin	elle est fière de l'auto
2 père	fait les courses	une fois par semaine/lundi	–
3 soeur	prépare des repas	quelquefois	elle a un talent pour ça
4 Marie	passe l'aspirateur	2–3 fois par semaine	elle n'aime pas faire ça, mais c'est rapide

[12 points: 7/12]

Résultat: .... points

Êtes-vous prudent?

1 Lire et répondre

1. d
2. h
3. e
4. f
5. c
6. a
7. b

[6 points: 4/6]

Résultat: .... points

On parle de la santé

1 Écouter et répondre

1. Edwige
2. Antoine
3. Georges
4. Edwige
5. Antoine
6. Georges
7. Antoine

[7 points: 4/7]

Résultat: .... points

Quelques conseils

1 Lire et répondre

1. b
2. e
3. d
4. a
5. g
6. f
7. h

[7 points: 5/7]

Résultat: .... points

2 Lire et répondre

a. 4
b. 11
c. 8
d. 3
e. 6
f. 10
g. 12
h. 1

[7 points: 5/7]

Résultat: .... points

ANSWERS TO LISTENING AND READING TASKS

Sachez garder l'équilibre

1 Lire et répondre

a 1	d 7
b 3	e 2
c 5	f 4

[6 points: 4/6]

Résultat: ……… points

L'Alcool

1 Lire et répondre

1 e	4 a
2 b	5 d
3 f	

[5 points: 4/5]

Résultat: ……… points

L'Alcool et la femme enceinte

1 Lire et répondre

a attend	e naître
b boire	f moins
c trop	g fera
d santé	

[6 points: 4/6]

Résultat: ……… points

Ouvert à tous les jeunes

1 Lire et répondre

	6–8 ans	8–11 ans	11–15 ans	15–19 ans
1	✓			
2				✓
3		✓		
4	✓			
5				✓
6			✓	
7		✓		
8			✓	

[8 points: 5/8]

Résultat: ……… points

2 Écouter et répondre

	Sophie	Mossem	Bertrand
1		✓	
2	✓		
3			✓
4	✓		
5			✓
6		✓	

[6 points: 5/6]

Résultat: ……… points

L'Humour

1 Lire et répondre

1 g	4 b
2 f	5 d
3 a	6 e

[6 points: 4/6]

Résultat: ……… points

Brigitte parle de son père

1 Écouter et répondre

1 d	3 c
2 a	4 b

[4 points: 4/4]

Résultat: ……… points

B Famille, copains, loisirs

Daniel parle de sa famille

1 🎧 Écouter et répondre

Daniel	4
Charlot	2
Léonore	3
André	6
Éloïse	1

[5 points: 3/5]

Résultat: ……… points

Les Personnalités

1 🎧 Écouter et répondre

timide	1
impatient(e)	3
sociable	5
gentil(le)	–
triste	–
calme	2

[4 points: 3/4]

Résultat: ……… points

La Rencontre

1 📖 Lire et répondre

1 e   4 c
2 f   5 a
3 g

[5 points: 3/5]

Résultat: ……… points

2 📖 Lire et répondre

1 F   5 F
2 F   6 V
3 V   7 V
4 F

[7 points: 4/7]

Résultat: ……… points

Une journée avec des copains

1 📖 Lire et répondre

a 1   c 5
b 3   d 6

[4 points: 3/4]

Résultat: ……… points

Programme d'activités

1 📖 Lire et répondre

	Activité	Jour
1	balade	samedi
2	natation	lundi
3	surprise-partie	vendredi
4	aventure sur glace	samedi
5	promenade à bicyclette	vendredi
6	danse	mardi
7	excursion artistique	mercredi
8	rencontre sportive	mercredi
9	école: cours	jeudi
10	visite dans le passé	mardi
11	planche à voile	–
12	film	dimanche
13	achat de cadeaux	samedi
14	rien de prévu	jeudi

[14 points: 10/14]

Résultat: ……… points

ANSWERS TO LISTENING AND READING TASKS

Qu'est-ce que vous aimez regarder?

1 🎧 Écouter et répondre

1	a	4	b
2	e	5	g
3	c	6	d

[6 points: 5/6]

Résultat: .... points

Les Super Héros

1 🎧 Écouter et répondre

Titre de la série	Numéro de la publicité
X Men	3
Wild C.A.T.s	1
Les Quatre Fantastiques	6
Iron Man	5
Le Voyage d'Edgar	2
Vuk, le Petit Renard	4

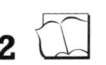

[6 points: 4/6]

Résultat: .... points

2 📖 Lire et répondre

a	La Torche	d	Brandon Choi
b	Michelle	e	Vuk
c	Kad	f	La Chose

[6 points: 4/6]

Résultat: .... points

Quatre films

1 📖 Lire et répondre

a	3	d	–
b	1	e	4
c	2		

[4 points: 3/4]

Résultat: .... points

Opinions sur le sport

1 🎧 Écouter et répondre

	Gaëlle	Germaine	Michel	Frank	Personne
a			✓		
b	✓				
c				✓	
d		✓			
e					✓
f				✓	

[6 points: 4/6]

Résultat: .... points

Le Tennis

1 📖 Lire et répondre

Phrases correctes:
- **b** (diplômé d'état) [2]
- **e** (vous amuser/vous détendre/progresser, plaisir d'être) [3]
- **g** (toute l'année) [2]
- **i** (en salle) [2]

Phrases fausses:
a, c, d, f, h [5]

[14 points: 9/14]

Résultat: .... points

L'École d'équitation

1 🎧 Écouter et répondre

- **a** une heure should be une demi-heure
- **b** 80F should be 24F
- **c** 60F should be 16F
- **d** 31.92.57.21 should be 31.82.57.21

[8 points: 6/8]

Résultat: .... points

ANSWERS TO LISTENING AND READING TASKS

A cheval

1 Lire et répondre

Phrases correctes:
- **e** (appelez 33.26.86.31) [2]
- **f** (Normandie, proche de la Grande-Bretagne) [3]

Phrases fausses:
a, b, c, d [4]

[9 points: 6/9]

Résultat: ……… points

Vivez l'aventure

1 Lire et répondre

- **a** 6, 2 [2]
- **b** 5
- **c** 3
- **d** 4, 7 [2]
- **e** 1
- **f** 1, 3, 6 [3]
- **g** 2
- **h** 7

[12 points: 8/12]

Résultat: ……… points

Vacances de stars

1 Lire et répondre

- **a** weekly
- **b** none
- **c** Where is she going? With whom? What does she do? What does she take with her?
- **d** She never writes; she doesn't give information/news
- **e** fishing
- **f** singer

[10 points: 7/10]

Résultat: ……… points

Publicité B.D.

1 Écouter et répondre

	On dit…	Version correcte
1	dimanche jusqu'à 12h/midi	dimanche jusqu'à 12h 30
2	30, rue Savary	31, rue Savary
3	au rez-de-chaussée	au premier étage
4	plus de 2.000 B.D.	plus de 2.500 B.D.
5	un rayon aventure et science fiction	un rayon roman-policier et science fiction

[10 points: 7/10]

Résultat: ……… points

Les Chansons de Francis Cabrel

1 Lire et répondre

- 1 F
- 2 V
- 3 F
- 4 V
- 5 F
- 6 F

[6 points: 4/6]

Résultat: ……… points

2 Lire et répondre

- **a** connaissaient
- **b** chanson
- **c** destinés
- **d** agréable
- **e** attentif
- **f** probable
- **g** permis
- **h** nouveaux

[7 points: 4/7]

Résultat: ……… points

ANSWERS TO LISTENING AND READING TASKS

3 Écouter et répondre

1 She hadn't seen Francis Cabrel live on stage before.
2 She didn't look at her watch.
3 He sang without a break, except to have a glass of water; he held the audience's attention, even when he sang in Spanish.
4 Spanish is a romantic language, especially when it is sung.
5 Everyone stood to applaud and chanted his name.
6 There were hundreds of girls shouting and crying outside the entrance.

[10 points: 7/10]

Résultat: .... points

Un spectacle historique

1 Lire et répondre

Les bonnes dates:
samedi 16 juillet, samedi 23 juillet, vendredi 5 août.

[3 points: 2/3]

Résultat: .... points

C Le Monde où nous vivons

Une visite en Bretagne

1 Écouter et répondre

a 2 d 4
b 5 e 6
c 1

[5 points: 4/5]

Résultat: .... points

Le Plan de Courseulles

1 Lire et répondre

a 10   d 15
b 9, 13 e 8
c 16   f 14

[7 points: 5/7]

Résultat: .... points

2 Écouter et répondre

a 8   d 5
b 15 e 10
c 14 f 11

[7 points: 5/7]

Résultat: .... points

Honfleur

1 Lire et répondre

a Beuzeville
b Deauville et Trouville
c Mont St-Michel
d Mont St-Michel
e Bayeux
f Paris

[7 points: 5/7]

Résultat: .... points

Les Courses

1 Écouter et répondre

Article	Description
1 gâteaux	(chocolat) un lot de 2 paquets [3]
2 saucisses	un kilo [2]
3 saucisson	600 grammes [2]
4 eau minérale	un lot de 6 bouteilles [3]
5 pain	(de campagne) un [2]
6 tomates	les petites, pas les grandes, 2 kilos [3]

[15 points: 10/15]

Résultat: .... points

Quelques produits français

1 Lire et répondre

1 d   4 a
2 f   5 b
3 c   6 e

[6 points: 5/6]

Résultat: .... points

Publicité

1 Lire et répondre

a Le Roulley
b Bar de la Forêt
c Moulin de Marcy/Levionnois
d Levionnois
e P. Aillet
f Yves Bernard
g Shopi

[7 points: 5/7]

Résultat: .... points

ANSWERS TO LISTENING AND READING TASKS

La Pollution dans le port

1 📖 Lire et répondre

floating rubbish	rubbish not to be thrown/ anywhere in port (outer harbour or docks/whether floating or not) [3]
rubbish bins	all rubbish must be put in the bins [1]
two containers	for used oil/in the two docks [2]
'sea toilets'	strictly forbidden to be used in the port [1]
painting work	only allowed if not a nuisance/ no external painting when very windy [2]

[9 points: 6/9]

Résultat: ……… points

Le Rêve de Brigitte Bardot

1 📖 Lire et répondre

L'ordre: e, b, h, a, f, d, c, g

[8 points: 6/8]

Résultat: ……… points

Quelques idées pour aménager la maison

1 📖 Lire et répondre

1	f	10	a
2	l	11	k
3	j	12	g
4	e	13	o
5	n	14	q
6	p	15	c
7	b	16	m
8	d	17	i
9	h		

[16 points: 12/16]

Résultat: ……… points

2 📖 Lire et répondre

1. remove knobs/switch off gas supply [2]
2. to make sure no keys are left in the locks [1]
3. so the person can orient him/- or herself/keep track of time/know the date [1]
4. some form of security/so that it can't be opened by the person on their own [2]
5. clearly visible switch/heavy base – difficult to knock over [3]
6. real risk of fire [1]
7. they should be removed [1]

[11 points: 8/11]

Résultat: ……… points

4 🎧 Écouter et répondre

L'ordre: j, n, b, d, i, a, c, e, l, p

[10 points: 7/10]

Résultat: ……… points

D Le Monde du travail

Magasin 2

1 Écouter/Lire et répondre

a V
b F
c F
d V
e F
f F
g V
h V

[8 points: 6/8]

Résultat: ……… points

Publicité Leclerc

1 Écouter et répondre

a 11f30
b 9f50
c 59f90
d 14f90
e 79f50
f 59f50
g 949f00
h 49f00
i 55f00
j 35f00
k 68f90
l 15f90

[11 points: 7/11]

Résultat: ……… points

2 Lire et répondre

1 d
2 i
3 a
4 g
5 c
6 b
7 j
8 f
9 h
10 l
11 k

[11 points: 7/11]

Résultat: ……… points

Un boulot au café

1 Lire et répondre

a Val de Loire [1]
b well regarded, quality [1]
c English speaker, wanting to learn the catering business [2]
d speak some French, communicate with English and American customers [2]
e it is included [1]
f a curriculum vitae (CV) [1]

[8 points: 6/8]

Résultat: ……… points

La Lettre d'Émilie

1 Lire et répondre

Character:
calm, very discreet, likes children, can look after them and entertain them, become a friend to them, interested in children of all ages [7]
Experience:
baby-sitting for family and others, looked after little brother from birth [3]

[10 points: 7/10]

Résultat: ……… points

Le Baby-sitting

1 Lire et répondre

1 … like children [1]
2 … they are thinking only of the money [1]
3 … by advertising in a shop or going to a baby-sitting agency [2]
4 … free during the day [1]
5 …smoke/dress in an eccentric manner [2]
6 … on time [1]
7 … you won't be paid [1]

[9 points: 7/9]

Résultat: ……… points

ANSWERS TO LISTENING AND READING TASKS

2 Lire et répondre

a arrivez
b trouver
c essayer
d amis
e proposera
f pour
g courses
h malades

[6 points: 5/7]

Résultat: .... points

Comment devenir journaliste

1 Lire et répondre

a true
b false
c true
d false
e true
f true

[6 points: 4/6]

Résultat: .... points

2 Lire et répondre

1 sport, mode, politique, pop [4]
2 maîtrise de russe / deux ans d'école de journalisme [2]
3 (travaille dans) un grand quotidien parisien/ journaliste [1]
4 droit/langues/école de journalisme [3]
5 de petits boulots en stages [1]

[11 points: 7/11]

Résultat: .... points

Les Facteurs de France

1 Lire et répondre

1 d
2 a
3 e
4 f
5 c

[5 points: 4/5]

Résultat: .... points

2 Lire et répondre

a 3
b 6
c 1
d –
e 5 or 6
f 4
g 2

[7 points: 5/7]

Résultat: .... points

3 Lire et répondre

1 e
2 f
3 b
4 j
5 c
6 a
7 g

[7 points: 5/7]

Résultat: .... points

4 Écouter et répondre

	E. Jentrelle	I. Brunet-Fréchant	D. Jouglen
1		✓	
2			✓
3	✓		
4		✓	
5			✓
6			✓

[7 points: 5/7]

Résultat: .... points

Toi qui as perdu ton emploi

1 Lire et répondre

a 8
b 5
c 9
d 3
e 7
f 6
g 1
h 4
i 2

[8 points: 6/8]

Résultat: .... points

2 Écouter/Lire et répondre

A déprimé
B peu apprécié
C mendie
D aidera
E anxieux
F (Que) fais(-tu?)
G (en) colère
H désespéré

[7 points: 5/7]

Résultat: .... points

ANSWERS TO LISTENING AND READING TASKS

La Boxe – un projet

1 Lire et répondre

1. obtained qualification as instructor at beginning of summer [2]
2. very interested; no difficulty in getting started [2]
3. because of the number of people interested [1]
4. getting a grant/help/subsidy from the town council or local authority [1]
5. he thinks that some will come and train at the club [1]
6. it is in an underprivileged area [1]
7. you feel better; it gives you balance; you gain self-control; it boosts self-confidence [4]
8. at first they fight (viciously), then they respect each other [2]

Résultat: ……… points [14 points: 10/14]

2 Lire et répondre

a. intéresse
b. devenir
c. cinéma
d. fera
e. rencontres
f. tout
g. compte
h. études
i. activités
j. facile
k. bac

Résultat: ……… points [11 points: 9/11]

E   Le Monde international

Le Tour de France des vacances

1 Écouter et répondre

a Fred
b Sandrine
c Mimi
d Charlot

[4 points: 4/4]

Résultat: .... points

Salut Bob

1 Lire et répondre

1 e
2 i
3 g
4 a
5 j
6 b
7 d
8 c

[7 points: 5/7]

Résultat: .... points

2 Écouter et répondre

a 1
b 3
c 2
d 6
e 4

[5 points: 4/5]

Résultat: .... points

«Pays direct»

1 Lire et répondre

a Versailles/(the châteaux of) the Loire [2]
b Paris [1]
c Alps/Pyrenees [2]
d North/Atlantic [2]
e Mediterranean coast [1]
f Auvergne [1]

[9 points: 7/9]

Résultat: .... points

Les Hôtels

1 Lire et répondre

1 Le Val Moret [1]
2 Mercure, Le Moulin du Landion [2]
3 Barséquanais [1]
4 La Côte d'Or [1]
5 Val Moret, Le Moulin du Landion [2]

[7 points: 5/7]

Résultat: .... points

2 Lire et répondre

Hôtel Barséquanais
pas trop grand (28 chambres)
situation tranquille
menus gastronomiques
chambres à partir de 170 F

[5 points: 3/5]

Résultat: .... points

La Lettre de M. et Mme Cauchi-Martin

1 Lire et répondre

a room for four; with integral kitchen [2]
b just three single beds; one child had to sleep on floor; wait of three days for extra bed; chambermaid very impolite [4]
c beds not made every day; not very clean [2]
d only worked three days out of seven [1]
e tiny; couldn't cook breakfast without risking a disaster [2]
f (very) high prices; buffet the same all week [2]
g a total refund or another holiday on the coast in a better hotel [3]
h one copy sent to the "Breaks Anglais" Agency; one to Guide Michelin; they will come and check on improvements [3]

[19 points: 13/19]

Résultat: .... points

ANSWERS TO LISTENING AND READING TASKS

Description des vacances

1 Écouter et répondre

	Ville	Attraction	Aimé	Pas aimé	Comme ci comme ça
a	Honfleur	port	✓		
b	Caen				✓
c	Thury-Harcourt	jardins		✓	
d	St Germain de Livet	château, tour	✓		

Résultat: ……… points

[12 points: 8/12]

Autoroute

1 Écouter et répondre

a 6   h 24
b 31   i 30
c 36   j 31
d 140   k 1er
e 9   l 9
f 10   m 16
g 23

[13 points: 9/13]

Résultat: ……… points

Fatigue – les Point•Relaxe

1 Lire et répondre

a 7   e 12
b 11   f 3
c 10   g 6
d 2   h 8

[8 points: 7/8]

Résultat: ……… points

Attractions touristiques

1 Lire et répondre

1 c   5 g
2 e   6 b
3 d   7 a
4 f

[7 points: 5/7]

Résultat: ……… points

2 Lire et répondre

a 5   [1]
b 2, 6   [2]
c 1, 6   [2]
d 4, 7   [2]

[7 points: 5/7]

Résultat: ……… points

3 Écouter et répondre

Réceptionniste	Numéro de l'endroit
1	d
2	g
3	a
4	c
5	f
6	b
7	e

[6 points: 4/6]

Résultat: ……… points

4 Lire/Écouter et répondre

a 7   e 5
b 2   f 6
c 4   g 1
d 3

[6 points: 5/6]

Résultat: ……… points

ANSWERS TO LISTENING AND READING TASKS

5 Lire et répondre

On dit dans la lettre...	Version correcte/problème
1 des milliers d'animaux	plus de 800
2 plus de 100 ha	80 ha
3 on pourra visiter le jardin ferroviaire	Morag sera là en décembre; le jardin est fermé en décembre
4 on pourra faire un voyage sur le bateau à roue	fermé en décembre
5 chemin de fer fermé jusqu'au mois de février	fermé jusqu'à Pâques
6 faire de la spéléologie	on peut visiter le musée, pas faire de la spéléologie
7 visite de la nougaterie avec deux ou trois copains	on peut visiter en groupes de 10 personnes minimum

[7 points: 5/7]

Résultat: .... points

Consignes de sécurité

1 Lire et répondre

a 6
b 7
c 1
d 8
e 4, 9
f 3
g 5

[8 points: 5/8]

Résultat: .... points

On recherche des gens perdus

1 Lire et répondre

a 3
b 1
c 5
d 4
e 2
f 6

[6 points: 4/6]

Résultat: .... points

2 Lire et répondre

a He is her ex-husband; she is seriously ill. [2]
b 6 years
c Delacroix, Bourzac, Funck
d the French Resistance
e dead
f 1958

[9 points: 6/9]

Résultat: .... points

3 Écouter et répondre

1 c
2 b
3 a
4 d
5 f

[4 points: 4/4]

Résultat: .... points

© IT IS ILLEGAL TO PHOTOCOPY THIS PAGE

EXTRA TASKS FOR ASSESSMENT/ PRE-EXAM PRACTICE

Chaleur exceptionnelle en Grande-Bretagne

1 Lire et répondre

Lisez l'article.

Chaleur exceptionnelle en Grande-Bretagne

1. La Grande-Bretagne commence à sentir les effets d'une canicule exceptionnelle. Cet été est le plus sec dans le centre de l'Angleterre depuis 1659.
2. Londres n'a pas eu de pluie depuis le 26 juillet et le thermomètre reste sur les 30 degrés. Tout le pays est officiellement victime de sécheresse après 15 jours consécutifs sans eau. Même les îles Shetlands, tout au nord de l'Écosse, connaissent la chaleur avec plus de 15 degrés.
3. Déjà les restrictions d'eau ont commencé pour les usagers servis par les compagnies régionales de distribution qui ont été privatisées durant les années Thatcher.

Insectes agressifs

4. Les insectes deviennent agressifs et mordent. Les hérissons et les blaireaux crient famine.
5. Certains prospèrent, comme de rares spécimens de papillons, et des scorpions dans des caisses de fruits tropicaux dans le sud de l'Angleterre.
6. Dans le Kent, une équipe de l'Autorité des Rivières a dû descendre la paroi rocheuse pour aller sauver 2,000 carpes et perches. Leur étang disparaissait.
7. En Écosse, des mouches terrorisent les campeurs, qui désertent les campings.
8. Consolation, la sécheresse a protégé le houblon, l'ingrédient le plus important de la bière, en tuant les parasites. Le prix de la bière n'a pas augmenté.
9. Les hôteliers britanniques sont très contents: nombre de vacanciers ont annulé leurs vacances à l'étranger pour s'ensoleiller sur les plages du Dorset ou du Lancashire.

Vocabulaire

le blaireau	*badger*
la canicule	*drought/heatwave*
le hérisson	*hedgehog*
le houblon	*hops*
mordre	*to bite*
la mouche	*fly*
la paroi rocheuse	*rock face*

Trouvez le bon titre pour chaque paragraphe.

	Titre	Numéro du paragraphe
Exemple	*Dans les pubs les prix restent les mêmes!*	*8*
a	Certaines créatures profitent de la chaleur	
b	Des milliers de gens transportés à l'hôpital	
c	Après trois siècles et demi, le record!	
d	Les touristes britanniques restent chez eux	
e	Toutes sortes de créatures menacées	
f	Les campeurs chassés par les mouches	
g	Deux semaines sans pluie	
h	Les pauvres poissons	
i	Pas d'eau, pas de bière	
j	On commence à rationner l'eau	

[8 points: 6/8]

2 Écouter et répondre

Écoutez ce commentaire de radio sur la canicule en Grande-Bretagne et lisez l'article encore une fois.

Soulignez dans l'article les 10 points répétés à la radio.

[10 points: 6/10]

3 Parler: Jeu de rôle

Prepare and take the role of the British person in the following dialogue. You will explain how different the British climate was during this very hot summer. You will need to explain that …

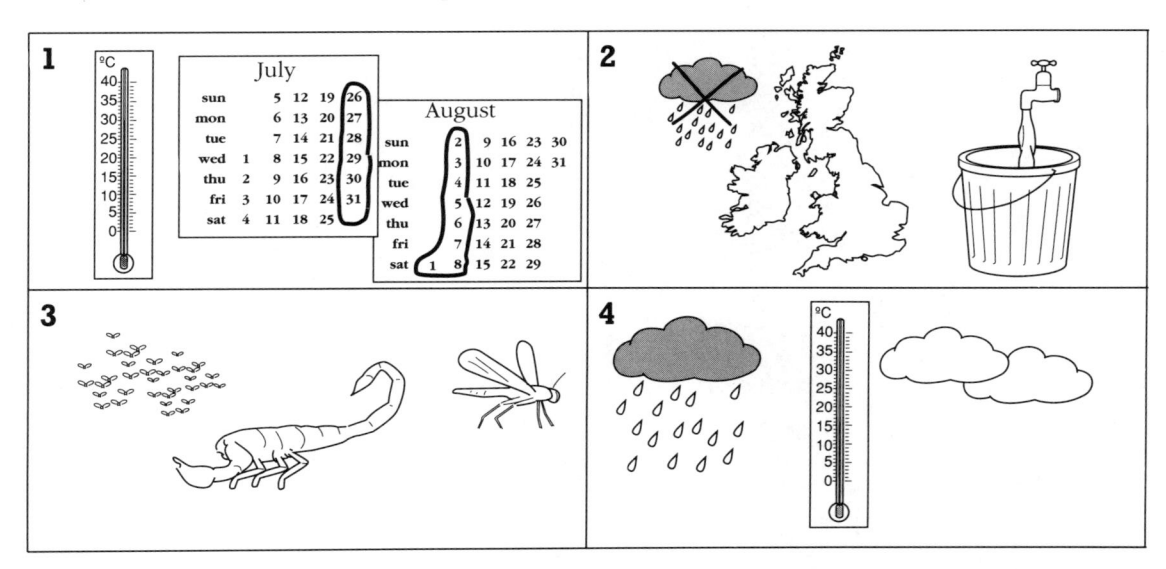

4 Écrire

Your French friend is coming to stay and a heatwave is expected.
Écrivez-lui une lettre. Mentionnez:

- le climat normal, c'est comment?
- les effets de la canicule sur:
  la vie de tous les jours
  les animaux sauvages.

(Écrivez 100–120 mots.)

TRANSCRIPTS AND ANSWERS

Transcripts

2　Écouter et répondre

A cause de la canicule dans le Royaume-Uni, <u>il n'y a pas suffisamment d'eau</u>. Londres, par exemple, <u>n'a pas eu de pluie depuis fin juillet</u>, et presque tout le pays a eu <u>deux semaines sans pluie.</u>
Déjà, <u>on rationne l'eau, les insectes sont plus agressifs</u> et <u>certains animaux comme les hérissons n'ont pas assez de nourriture</u>. Par contraste, certaines créatures exotiques comme <u>les scorpions, qui arrivent dans des caisses à bananes, profitent du climat</u>. Pour <u>les campeurs, surtout en Écosse,</u> la situation est moins bonne et <u>ils ont été obligés de quitter leurs campings à cause des insectes agressifs.</u>

3　Parler: Jeu de rôle

- Je sais que cette année a été exceptionnelle en Grande-Bretagne, mais dites-moi, il y a eu quelle sorte de températures?
- Il y a eu de la sécheresse?
- Quelles autres différences a-t-on notées?
- Et le climat, comment est-il normalement?

Answers

1　Lire et répondre

a	5	f	7
b	–	g	2
c	1	h	6
d	9	i	–
e	4	j	3

[8 points: 6/8]

Résultat .... points

2　Écouter et répondre

See phrases underlined in transcript above.

[10 points: 6/10]

Résultat .... points